创新产品供应链
网络协同优化理论研究

张 雷 著

中国水利水电出版社
www.waterpub.com.cn

内 容 提 要

全书主要内容包括绪论、单一创新产品供应链网络协同优化、单向替代模式下创新产品供应链网络协同优化、创新产品生命周期阶段响应时间模型、创新产品多阶段动态供应链网络协同优化、创新产品全生命周期供应链网络协同优化、新老创新产品共存环境下供应链网络协同优化、创新产品双渠道供应链网络协同优化等。本书可作为相关专业本科生、研究生及物流管理人员的参考书。

图书在版编目(CIP)数据

创新产品供应链网络协同优化理论研究 / 张雷著.
--北京：中国水利水电出版社，2015.1（2022.9重印）
ISBN 978-7-5170-2748-5

Ⅰ．①创… Ⅱ．①张… Ⅲ．①产品管理－供应链管理－研究 Ⅳ．①F273.2

中国版本图书馆 CIP 数据核字(2015)第 303566 号

策划编辑：杨庆川　责任编辑：杨元泓　封面设计：崔　蕾

书　名	创新产品供应链网络协同优化理论研究
作　者	张　雷　著
出版发行	中国水利水电出版社 （北京市海淀区玉渊潭南路1号D座 100038） 网址：www.waterpub.com.cn E-mail：mchannel@263.net（万水） 　　　　　sales@mwr.gov.cn com.cn 电话：(010)68545888（营销中心）、82562819（万水）
经　售	北京科水图书销售有限公司 电话：(010)63202643、68545874 全国各地新华书店和相关出版物销售网点
排　版	北京鑫海胜蓝数码科技有限公司
印　刷	天津光之彩印刷有限公司
规　格	170mm×240mm　16开本　10.75印张　193千字
版　次	2015年6月第1版　2022年9月第2次印刷
印　数	3001—4001册
定　价	36.00元

凡购买我社图书，如有缺页、倒页、脱页的，本社发行部负责调换

版权所有·侵权必究

前　言

作为全球经济发展和繁荣的一种主要驱动力量,技术创新正在使企业运营的环境变得越来越复杂和不确定。一方面,由于创新速度的加快缩短了产品在市场上的存续时间,产品的生命周期被不断地压缩。为了求得生存和可持续发展,很多厂商被迫加快技术创新的速度,不断地推出创新产品和改进生产工艺。创新产品,因具有高利润边际,日益成为各个厂商获取利润的业务增长点。同时,由于具有短的生命周期、需求和供应的高度不确定,很多厂商在投放这些创新产品时通常会面对产能或库存方面的风险暴露问题,给管理其供应链提出新的挑战。在不确定环境下,以制造商为核心的供应链如何对潜在的供需不确定作出响应,即一方面供应链如何快速且有效地调整策略以应对供应和需求的不确定;另一方面如何规避潜在供应风险,如何认知需求的特征,这些问题的统筹解决是现在供应链研究急需解决的问题也是目前供应链管理研究的热点。

本书以不同类型创新产品为背景,从供应链生产商的角度出发,整合分销、生产过程,通过优化决策提高供应链反应水平。首先,针对电子元件,基于单一模式生产—分销网络构建问题,分别建立了带时间约束的四种不同生产—分销策略下的混合整数优化模型,并对四种生产—分销策略进行比较与分析。在此基础上,针对多种不完全需求分布信息下的网络优化问题,模型尝试引入 WCVaR 度量易逝品的生产—分销网络风险,建立满足一定服务水平下生产—分销网络风险值最小的优化模型,求得最坏情景下的最优策略。第二,针对纯电动汽车,将汽车类型选择与生产—分销进行联合优化,根据消费者剩余得到需求函数,在工厂生产能力有限的前提下,建立以盈利最大化为目标函数的 0-1 混合整数非线性优化模型,以确定售价、生产规模、运输量、存储位置等决策变量。第三,针对电子产品,将产品生命周期阶段性融入到网络设计中并进行动态需求特征下的整体优化,建立了在一定约束条件下使产品整个生命周期内盈利最大的 0-1 混合整数规划模型;在此基础上,将阶段顾客满意度作为决策变量融入到物流成本结构内,建立基于阶段满意度的动态供应优化模型。第四,针对智能手机更新换代期内新老多代共存,考虑新、老产品市场需求特征差异性引起的生产模式的不同,对不同生产模式下需求发生转移的易逝性新、老产品的混合协同配送问题进行研究。第五,针对时尚类服装产品,考虑产品特性和渠道结构两类因素，构建预售模式下的双渠道供应链生产—分销网络优化模型，分析网络分销渠道对传统分销渠道产品销售的影响。

  本书受国家社科基金项目"双渠道下高残值易逝品生产—分销网络优化策略研究"（项目号：12CGL045）、教育部教改项目"物流管理专业综合改革试点项目"（项目号：ZG0429）、浙江财经大学人才引进项目"多代共存双渠道供应链网络协同优化理论与方法研究"（项目号：10348003252）资助。希望本书的出版能为创新产品生产企业实现供应链高效、有序、协同运作提供可资借鉴的思路。全书共分为8章，第1－7章由浙江财经大学张雷撰写，第8章由福州大学阳成虎撰写。在本书的写作过程中，得到了严志强教授、汪德荣副教授、贺世红副教授、田家欣博士、王媛媛博士的大力支持和帮助，在此表示衷心感谢。另外，林梦男、卢梅金、易维等研究生参与了本书部分章节的撰写及校对工作，在这里一并向他们表示感谢。

  本书在写作过程中参考了大量与供应链网络相关的国内外研究文献和著作，借鉴了国内外众多学者的研究成果，在此向国内外有关学者和专家表示衷心的感谢。

  鉴于作者学术水平有限，书中不足之处还恳请读者批评指正。

作者

2014年10月

目 录

前言 1

第1章 绪论 1

1.1 选题的背景 1
1.2 研究问题的提出 3
1.3 研究的意义 3
1.4 供应链环境下的分销理论概述 4
1.5 研究文献综述 7
　　1.5.1 供应链生产—分销文献综述 7
　　1.5.2 供应链选址—分配文献综述 17
1.6 有待研究的问题 18
1.7 研究思路和研究内容 19
　　1.7.1 研究思路 19
　　1.7.2 研究内容 19

第2章 单一创新产品供应链网络协同优化 22

2.1 引言 22
2.2 单一模式单产品优化模型 23
　　2.2.1 问题描述 23
　　2.2.2 参数确定 23
　　2.2.3 模型建立与求解 25
2.3 数值仿真 28
　　2.3.1 计算结果 31
　　2.3.2 结果分析 32
2.4 模型扩展 32
　　2.4.1 问题描述 32
　　2.4.2 模型假设及符号 33
　　2.4.3 模型建立 34
　　2.4.4 模型转化与求解 35
　　2.4.5 数值仿真 40
2.5 小结 44

第3章 单向替代模式下创新产品供应链网络协同优化 … 46

3.1 引言 … 46
3.2 单一模式替代性产品模型 … 47
3.2.1 问题描述 … 47
3.2.2 模型假设及符号 … 47
3.2.3 数学模型 … 49
3.2.4 模型求解 … 52
3.3 数值仿真 … 52
3.4 小结 … 54

第4章 创新产品生命周期阶段响应时间模型 … 55

4.1 引言 … 55
4.2 创新产品分析 … 56
4.2.1 创新产品定义 … 56
4.2.2 创新产品特征 … 56
4.3 创新产品周期各阶段供应链模式 … 59
4.4 创新产品周期不同阶段响应时间模型 … 61
4.4.1 引入期响应时间模型 … 62
4.4.2 成长期响应时间模型 … 62
4.4.3 成熟期响应时间模型 … 62
4.5 小结 … 64

第5章 创新产品多阶段动态供应链网络协同优化 … 65

5.1 引言 … 65
5.2 创新产品多阶段优化模型 … 65
5.2.1 问题描述 … 65
5.2.2 模型假设与参数 … 66
5.2.3 分阶段模型建立 … 69
5.2.4 整体优化模型建立与求解 … 71
5.2.5 数值仿真 … 73
5.3 小结 … 78

第6章 创新产品全生命周期供应链网络协同优化 … 79

6.1 引言 … 79

6.2 问题描述 … 80
6.2.1 问题描述与假设 … 80
6.2.2 参数确定 … 80
6.3 模型建立与求解 … 83
6.3.1 引入期模型 … 83
6.3.2 成长期模型 … 83
6.3.3 成熟期模型 … 84
6.3.4 整体优化模型建立与求解 … 85
6.4 数值仿真 … 86
6.4.1 计算结果 … 89
6.4.2 灵敏度分析 … 89
6.5 小结 … 90

第7章 新老创新产品共存环境下供应链网络协同优化 … 91
7.1 引言 … 91
7.2 问题描述 … 92
7.3 考虑时间、价格及替代率的优化模型 … 94
7.2.1 模型假设及符号 … 94
7.2.2 模型的建立及求解 … 96
7.2.3 数值仿真 … 98
7.4 有能力约束的新老产品共存生产—分销协同优化 … 101
7.4.1 问题描述 … 101
7.4.2 模型假设及符号 … 102
7.4.3 模型分析 … 103
7.4.4 模型建立与求解 … 106
7.4.5 数值仿真 … 107
7.5 不确定条件下新老产品共存生产—分销协同优化 … 109
7.5.1 问题描述 … 109
7.5.2 模型假设及符号 … 109
7.5.3 模型分析 … 111
7.5.4 模型建立与求解 … 112
7.5.5 数值仿真 … 114
7.6 小结 … 116

第8章 创新产品双渠道供应链网络协同优化 ………………… 117

8.1 引言 ……………………………………………………… 117
8.2 问题描述 ………………………………………………… 118
8.3 模型建立与求解 ………………………………………… 119
8.3.1 模型假设与参数 ……………………………… 119
8.3.2 模型构建 ……………………………………… 120
8.4 数值仿真与灵敏度分析 ………………………………… 122
8.4.1 参数设置 ……………………………………… 122
8.4.2 数值仿真分析 ………………………………… 125
8.5 模型扩展 ………………………………………………… 127
8.5.1 问题描述 ……………………………………… 128
8.5.2 模型假设及参数确立 ………………………… 131
8.5.3 基于预售模式的服装企业生产—分销网络模型的构建 …… 132
8.5.4 数值仿真 ……………………………………… 134
8.6 小结 ……………………………………………………… 141

附录 …………………………………………………………………… 142

参考文献 ……………………………………………………………… 144

第1章 绪论

1.1 选题的背景

近年来,创新产品,如玩具、时装、半导体、消费电子、电信和高科技产品等,因具有较高的利润边际[1,2],越来越为厂商所关注。然而,由于技术创新或时尚创新的成功取决于消费者的价值观或生活方式的改变,当引入一种创新产品时,关于产品的使用者偏好是很不确定的,满足使用者的技术方式和标准也很不确定,所以,创新产品的新颖性使其市场需求很难预测[3]。同时,全球化市场使行业竞争异常激烈,很多国外厂商纷纷向海外开发零部件资源或将制造转移到劳动力成本较低的国家,以取得供应链的成本优势。然而,由于这种时尚行业具有短的生命周期、高度的需求波动性、低的市场可预测性和顾客的高度的冲动购买等特性,厂商的供应充满很多变数,所带来的结果是大量的库存积压或降价[4~6]。

日益加剧的全球化竞争、技术的快速发展和越来越高的客户需求期望使企业所处的运营环境变得越来越复杂和不确定[5]。企业为了求得生存和可持续发展,被迫通过技术创新来寻求竞争优势,不断地推出创新产品和改进制造工艺。结果,技术创新促使很多企业不断地革新传统的业务模式和制造战略,企业的竞争基础也扩展到供应链,传统的公司对公司的竞争正向供应链与供应链之间竞争的业务模式转变[3]。

供应链是指围绕核心企业,通过对信息流、物流、资金流的控制,从采购原材料开始,制成中间产品以及最终产品,最后由销售网络把产品送到消费者手中的将供应商、制造商、分销商、零售商、直到最终用户连成一个整体的功能网络结构模式(图1-1)[7],生产—分销网络是供应链的重要组成部分。供应链管理是对处于同一条供应链中的供应商、制造商、物流者和分销商等成员的各种经济活动开展有效地集成管理,确保以正确的数量、质量和恰当的方式、在正确的时间和地点进行产品的生产、加工和分销,以最低的成本提高供应链系统的服务水准[8]。

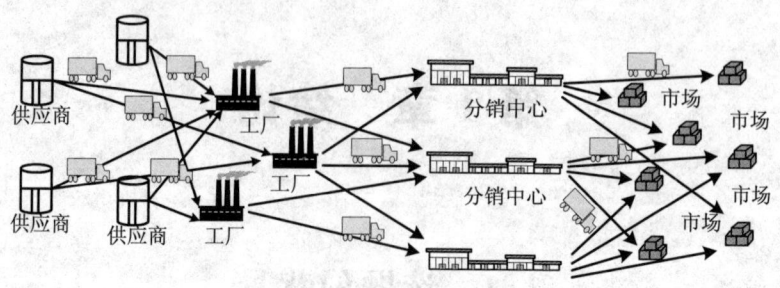

图 1-1　供应链网络结构图

总体来说,供应链管理有四个目标:以更完整的产品组合,满足不断增长的市场需求;面对市场需求多样化的趋势,不断缩短供应链完成周期;对于市场需求不确定性,缩短供给与消费市场距离,实现快速与有效反应;不断降低整个供应链成本和总费用[9]。

供应链优化方法分为两大类,一类是定性分析法,主要从宏观上对供应链的战略目标、实现手段、运作流程等方面进行指导和界定;另一类是定量分析法,主要是从微观上对供应链业务流程的总体优化。Shapiro[10]以建模方法为划分标准,将供应链模型分为描述性模型和标准模型,其中描述性模型主要以定性分析为主要方法,包括成本类型分析、决策分析模型、预测模型、仿真模型、知识模型及资源利用等,标准模型主要采用定量分析方法,主要包括各种优化模型与数学规划模型。他认为描述性模型的开发是必须的,但单靠描述性模型是不够的,应该将描述性模型与优化模型相结合才能保证决策的有效性。供应链管理的建模、优化与仿真已经成为分析供应链系统最强有力的工具[11]。

因为没有模型能够从供应链系统的角度对供应链的所有流程进行详尽的描述,目前供应链的优化主要集中在供应链的生产、采购、库存、运输等单个运作流程上,对生产—采购、生产—配送、采购—配送等两个运作流程的协调优化研究还处于初级阶段,几乎没有对生产、采购、存储、运输等供应链的全部运作流程进行综合优化的模型[12]。从运作的角度来看,来自于终端市场的需求是整个供应链的动力,需求的特性直接影响着各级成员的生产和订货决策。在当前急剧变化的市场环境下,供应链企业的经营风险增大,顾客需求表现出的特性已经引起供应链管理者的高度重视[13~15]。如何分析并把握需求的特性,以最低的成本满足顾客需求,是亟待解答的问题。基于创新产品不同需求的特性,深入分析供应链的运作方式,发现其中的不足之处,并提出解决对策,具有重要的理论和应用价值。

1.2　研究问题的提出

作为全球经济发展和繁荣的一种主要驱动力量,技术创新正在使企业运营的环境变得越来越复杂和不确定。一方面,由于创新速度的加快缩短了产品在市场上的存续时间,产品的生命周期被不断地压缩[16]。为了求得生存和可持续发展,很多厂商被迫加快技术创新的速度,不断地推出创新产品和改进生产工艺。创新产品,如高科技产品和时尚品,因具有高利润边际,日益成为各个厂商获取利润的业务增长点[17]。另一方面,由于具有短的生命周期、需求和供应的高度不确定,很多厂商在投放这些创新产品时通常会面对产能或库存方面的风险暴露问题,给管理其供应链提出新的挑战。例如,当市场需求攀升时,会出现产能不足而损失销售的供应风险;当市场需求下跌时,在售季节末期因库存过剩而出现产品降价或报废的库存风险等等。这些现象严重影响了创新产品的供应链绩效[18,19]。因此,针对产品类型与需求特征的不同,如何以一种有效的方式来生产和交付创新产品给客户,改进供应链绩效,成为本书关注和研究的主要问题。

1.3　研究的意义

今天,全球经济在很大程度上是由技术创新来驱动的。为了获取竞争优势、锁定当前的客户,从产品和业务模式上进行创新,通过这样的创新,企业获得了巨大的利润。在投放这些创新产品时,如何以一种及时的和成本效率的方式生产和交付给客户,给很多公司的供应链管理提出新的挑战[20~24]。

本书的研究具有如下意义:

(1)理论意义

由于创新产品的市场需求的不确定性和产品供应的不确定性,对其供应链产生潜在的成本不确定性,影响供应链成员的利润。为了匹配供应和需求,如何设计创新产品的供应链、优化生产和配送规划以改进创新产品的供应绩效,成为本书研究创新产品的主要问题,研究成果在一定程度上丰富和完善了供应链网络优化理论。

(2)现实意义

在我国现有的产业经济结构中,以创新产品为代表的创新产业已成为我国经济发展中最具活力的先导性和支柱性产业,为我国参与国际市场竞争的重要带动力量。在变化频繁、竞争激烈的市场环境中,设计合理的供应链网络对有效降低物流成本,增强我国创新产品企业产品竞争力具有重要现实意义。

1.4 供应链环境下的分销理论概述

目前,大多数生产企业采用的产品分销模式——采用不同的运输方式将产品运送到分销中心,再由分销中心配送到各个市场,如图1-2所示。

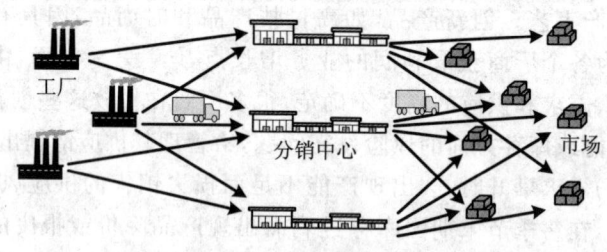

图1-2 分销网络构成图

Sunil Chopra 从供应链的角度对分销系统进行了阐述:分销指的是在供应链中的产品被从供应商那里获取、流动、储存直至最终到顾客手中的这一阶段[25]。国内学者马士华教授认为分销系统网络是供应链管理中的重要环节,是一个将产品由制造商转移至最终用户的功能网络[26]。分销系统在供应链中的位置如图1-3所示。

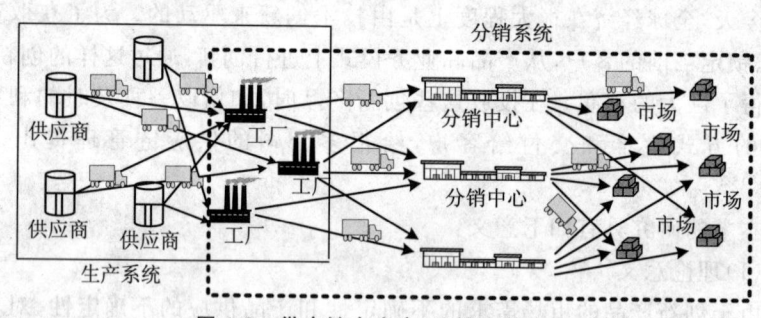

图1-3 供应链中生产、分销系统组成

企业在构建分销系统的时候由于受产品特性、面向顾客的不同、产品竞争状况以及企业自身现状等等因素的影响,构建分销系统的网络结构各有不同。Sunil Chopra 从产品在网络中流经途径的角度将分销系统网络主要分为六种类型[25]。

(1)制造商持有库存、产品直接从制造商运送到顾客的模式

在这种模式中,仅制造商持有库存,产品将直接由工厂运送到顾客手中,而分销商负责收集定单并发出运送请求,如图1-4所示。

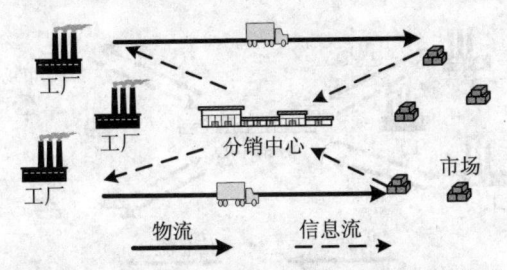

图 1-4 制造商持有库存、产品直接运送顾客模式

(2)制造商销售、3PL 公司组合配送模式

在这种模式中顾客向分销商发出定购要求,由制造商指定的 3PL 公司到多个制造商处领取零配件组成产品,运送给顾客,如图 1-5 所示。

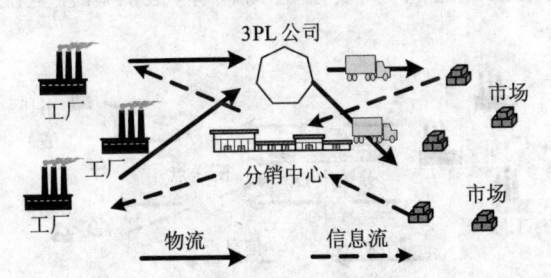

图 1-5 制造商销售、3PL 配送模式

(3)分销中心销售并保有库存、3PL 公司配送模式

在这种模式中,顾客向分销商发出定购要求,产品由制造商分发给分销商,再由分销商销售给顾客,最后由制造商指定的 3PL 公司送货给顾客,库存不是在制造商处而是在分销商临时库房中,如图 1-6 所示[27]。

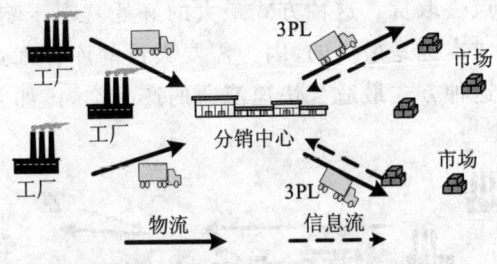

图 1-6 分销商销售、3PL 配送模式

(4)分销中心销售并配送顾客的模式

在这种模式中顾客向分销商发出定购要求,分销商将订货信息传送给制造商,产品由制造商分发给分销商或零售商,最后由分销商或零售商销售并直接送货给顾客,如图 1-7 所示。

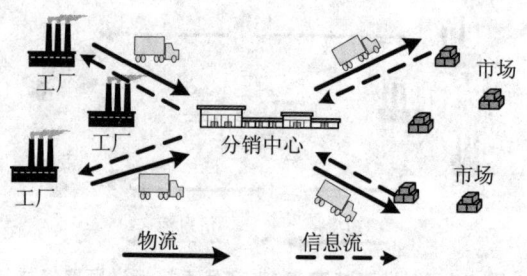

图 1-7 分销商销售、配送模式

(5)生产商销售、顾客自选的模式

在这种模式中,顾客通过互联网或电话向分销中心发出定购要求,产品由制造商发运至配送点,到货后通知顾客,最后顾客至配送点取货,如图 1-8 所示。

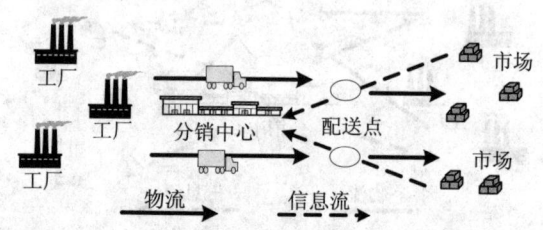

图 1-8 制造商销售、顾客自取模式

(6)分销中心销售、顾客自选的模式

在这种模式中,顾客向分销商发出订购要求,产品由制造商发运至零售商,顾客至零售商处取货,如图 1-9 所示。这种模式同第五种模式的不同之处在于库存存放在零售商处,同第三种和第四种模式的不同之处在于需要顾客自己到配送点去取货。这种方式最大的好处就在于响应时间最快,但库存成本和设备成本也是最高的,因为需要大量的库存来达到快速满足顾客需求的目的。这种方式最适合快速流通的产品类,比如常见的大型超市卖场。

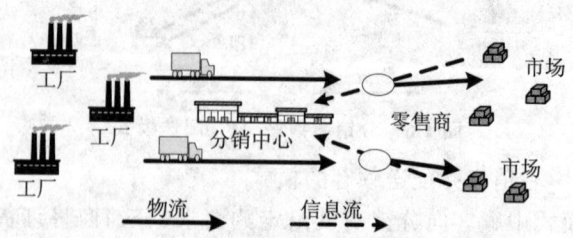

图 1-9 分销商销售、顾客自取的模式

各分销模式都有各自的优点和缺点,各模式所适用的产品类型和企业类型不同。对于生产相同产品的企业由于企业自身情况的差异和企业所处市场环境的不同,其分销模式也可能有很大的差异。合理有效的网络能有效增强产品竞争力、提高顾客满意度、降低物流成本、提高盈利水平。文献[27]给出了以上六种不同分销系统模式的优点、缺点及适用企业类型,如表1-1所示。

表1-1 分销系统网络结构的类型及特点

模式种类	该种模式的主要特点	适用产品类型及典型企业
模式1	库存成本小、设备资源成本小;信息成本较高,对顾客需求反应速度较慢	适合单一客户需求量不大、种类较多,价值较高的产品,如DELL
模式2	库存成本较小、运输成本低;反应时间长	适合价值比较高且需求不易预测的产品
模式3	库存成本、设备资源成本较高;运输成本、信息成本略低,响应时间略快	适合产品资源较丰富,顾客定购方便的情况
模式4	库存成本、运输成本高、资源设备成本较高;信息成本略低,响应时间更快,对零售商配送和持有库存的能力要求高	适合对时间要求严格的产品,如生产生新食品类产品的公司等
模式5	库存成本和运输成本最低;但信息成本和设备资源成本最高,响应速度较慢	适合对产品品种丰富性要求较高的情况,如产品在各大超市和连锁店销售的企业
模式6	库存成本和设备资源成本最高;顾客响应时间最快	适合快速流通的产品类,比如常见的大型超市卖场等

1.5 研究文献综述

供应链分销网络优化主要从供应链的生产—分销和供应链的选址—分配两个方面来优化分销网络,本书将分别从这两个方面介绍相关文献综述。

1.5.1 供应链生产—分销文献综述

生产—分销问题主要是由两个基本的重要问题所组成,即联合生产计划问题和多级分销系统问题。

生产销售计划是生产运作和供应链管理的重要组成部分。生产销售计划问题包括供应商、生产厂和销售三个阶段,生产销售计划就是考虑多个相关阶段和决策以及整体优化。生产销售计划问题及其集成化过程,供应商阶段的主要优化问题是如何选择供应商,在选择过程中采取什么标准;对于物料应该有多少供应商;对多个供应商应该建立什么样的供应关系;每个供应商的运输量和频次是多少,应该如何设计供应中心;每个供应中心应该采取什么样的优化策略;供应商的分配网络设计问题;供应中心的地址和布局优化设计。生产阶段的优化问题是,生产厂的转换网络问题;生产厂与装配厂的选址布局优化问题;生产厂中的库存问题。分销阶段的问题包括销售网络的设计问题;分销中心的容量优化设计;分销中心的库存问题,分销中心的库存容量采取何种准则;在流通渠道如何对于分销中心实行库存成本管理;分销中心的信息是共享还是分享等等[28~31]。

(1)生产计划研究

制造企业中,生产计划工作按长度分为长期,中期,短期计划三个层次。它们之间相互紧密联系,协调构成制造企业生产计划工作的总体系。根据需求的确定性可以将生产计划分为基于订单和基于预测两种类型。生产计划的类型不同,企业组织生产的特点也不同,基于订单和基于预测的生产计划对应的生产形式分别为订单式生产(Made To Order,MTO)和备货式生产(Made To Stock,MTS)。

生产网络通过供应链将生产设施、在制品库存联系起来。无论我们是单独考虑还是将它和供应、分销作为整体综合考虑,生产网络都会被描述为多阶段库存问题。一般的多产品、多阶段的生产问题往往做以下假设:再订购成本固定且可知;库存持有成本为线性;无能力约束限制。

其数学表达式如下:

$$\text{minimize } Z = \sum_{p,t} h_{pt} I_{pt} + \sum_{p,t} s_{pt} Z_{pt} \quad (1\text{-}1)$$

subject to

$$I_{p,t-1} + X_{p,t-j(p)} - \sum_{q \in Q(p)} X_{qt} - I_{pt} = d_{pt} \quad \forall p,t \quad (1\text{-}2)$$

$$X_{pt} - M Z_{pt} \leqslant 0 \quad \forall p,t \quad (1\text{-}3)$$

$$X_{pt}, I_{pt} \geqslant 0 \quad \forall p,t \quad (1\text{-}4)$$

$$Z_{pt} \in \{0,1\} \quad \forall p,t \quad (1\text{-}5)$$

模型中 p 表示单位产品部件组成的种类,t 表示生产周期;决策变量 X_{pt} 表示周期 t 产品部件 p 的生产量,I_{pt} 表示周期 t 产品部件 p 的库存量,Z_{pt} 表示周期 t 产品部件 p 是否补充的 0-1 变量,1 表示补充,0 表示不补充。该模型是一个多阶段动态规划模型,$Q(p)$ 表示其后各阶段生产产品部件种类的集合。在这种环境下,一些产品可以代表组成部分或在制品库存或者成品。模型以线性库存持有成本与生产计划固定补充成本之和最小为优化目标,补充点和产品最初的固定提前期 $j(p)$ 相关。约束式(1-2)表示前后周期库存量守恒;约束式(1-3)表示产品生产量小于补充量;约束式(1-4)则表示模型各个变量的取值范围。

模型一个突出的特点就是生产能力的无约束性。在实际生产中,生产能力往往是有能力限制的。比如像有限的劳动时间(1-小时数)这样的资源,这种单一资源约束可以通过约束式(1-6)附加到以前的优化模型中进行优化。

$$\sum_p a_p X_{pt} \leqslant C_t \quad \forall t \tag{1-6}$$

C_t 表示周期 t 最大生产时间,a_p 表示生产单位产品部件 p 需要的时间。约束式(1-6)表示各阶段生产时间都满足有限时间约束。许多学者(Dixon Silver;Barany;Maloney 和 Klein;Bretthauer;Gallego;Maes 和 Van Wassenhove,)[32~37]对单一资源能力约束进行了研究。但约束式(1-6)没有要求所有的产品均消耗单一的有限资源,因为如果一个产品部件的生产或补给没有强调时间能力约束的话,其生产时间可以被设为零。在这种情况下,将固定准备时间作为变量引入到公式(1-6),如式(1-7)所示。

$$\sum_p (a_p X_{pt} + b_p Z_{pt}) \leqslant C_t \quad \forall t \tag{1-7}$$

随着将准备时间引入到优化模型,模型成为 NP-hard 问题。Trigeiro[38]等考虑了单阶段、多产品情况下准备时间对整个生产优化的影响,并找到该问题的可行解。

在公式(1-7)的基础上,将单一资源能力约束扩展为多资源能力约束,如式(1-8)所示。

$$\sum_k \sum_p (a_{pk} X_{pt} + b_{pk} Z_{pt}) \leqslant C_{kt} \quad \forall t,k \tag{1-8}$$

k 表示约束能力资源的集合,约束式(1-8)表示周期 t 产品部件 p 消耗的可变资源与固定资源之和满足能力资源约束。如果网络中存在加班生产的产品,则往往能比较容易找到模型的最初可行解[39]。因此,可对约束式(1-8)进行修正,如式(1-9)所示。

$$\sum_k \sum_p (a_{pk} X_{pt} + b_{pk} Z_{pt}) + U_{kt} - O_{kt} = C_{kt} \quad \forall t,k \tag{1-9}$$

约束式(1-9)表示周期 t 资源 k 的加班生产 U_{kt},不足生产 O_{kt} 与实际生产之和等于资源能力约束。

Gupta et al. 研究需求不确定下的多站点的供应链计划框架以防止库存在生产现场的耗尽及在客户处的过度短缺,提出了机会约束规划方法结合两阶段随机规划方法来获得客户需求满意度和生产[40]。

Tang 和 Grubbstr 对于传统的主生产计划(MPS)缺少考虑支付需求不确定性的相关成本,研究了在随机需求环境下建立规划主生产计划方法的可能性[41]。

Bookbinder 和 Tan 分别研究了在静态不确定策略、动态不确定策略两种情况下有服务水平限制的随机生产计划模型[42]。

Gupta 和 Maranas 使用了一种基于随机规划的方法来模型化计划进程,该方法随着时间的推进而对实现的需求做出反应。另外,该模型还描述了客户满意水平和生产成本之间的权衡,所提出的模型为评估和管理企业的风险资产提供了一个有效的工具[43]。

Clay 和 Grossmann 研究了生产计划的随机线性规划模型,将生产计划中的不确定性用离散的概率分布函数描述。这些不确定性包括了未来的原材料供应、产品的需求量和产品的价格等因素。按照时间段划分,他们提出了两阶段计划模型,在求解随机规划时,对概率空间进行划分,用离散的概率函数表示不确定因素进行求解,这样可以大大简化计算[44]。

Tang 采用模糊数学方法研究生产计划和库存计划的建模问题,该计划的目标函数为非线性生产成本和线性库存成本。由于每一阶段的需求量,尤其是未来的需求量是不确定的,所以采用模糊数表示这些不确定参数,引入软约束方程并进行一些简化后,将生产和库存计划问题转化为具有模糊目标函数和模糊约束的非线性模糊规划问题[45]。

国内潘景铭和唐小我建立了需求不确定条件下以供应链期望总成本最小化为目标的柔性供应链生产决策模型[46]。

刘军等针对具有不确定需求的不可靠生产系统的生产控制问题,提出一个具有最优三层界点的控制策略,其中三层界点的两个表示库存目标的正界点,一个表示定货需求的负界点,提出了一个近似最优的单界点控制策略,运用该解析表达式将三界点控制策略退化为一个双界点甚至退化为一个单界点控制策略的方法[47]。

赵晓煜、汪定伟也是从供应链集成和协调的角度出发,提出了在多工厂、多产品、多客户环境下,考虑需求分配的二级分销网络优化设计模型。模型体现了在设计分销网络时,根据制造企业各分厂的生产能力和各客户区需求地对不同产品的需求情况,合理的将产品的需求分配到各个分厂,制定相应的生产计划,以降低生产和分销环节的总费用并讨论了采用启发式算法同传统的分枝定界法相结合以提高问题的求解速度[48,49]。

苏生等研究了需求、生产能力和运输能力为模糊数的多周期多目标生产计划方法,以总利润与客户满意度最大化为优化目标,提出了禁忌搜索与后向启发式方法相融合的算法[50]。

周金宏、汪定伟考虑了多运输方式的分布式多工厂、多分销商的供应链生产计划,建立了以实现提前/拖期惩罚费用、生产成本、产品运输费用三者总额最小以及供应链的活动时间最小的多目标优化模型,通过模型转换和利用加权和法求解多目标规划得到了其生产计划调度方案[51]。周金宏,汪定伟以一个在不同地点具有多个工厂的单件全球制造企业为背景,分析了在分布式多工厂制造环境下,各个工厂由于所处的地理位置及生产环境的不同造成的各个工厂即使生产同一种产品其生产时间、生产成本也不相同,同时考虑了由于订单来源于不同地方而产生的多运输方式问题。以总成本最低为优化目标建立了线性 0-1 规划模型,对分配到各个工厂订单,并安排所分配的订单在各个工厂的生产时间段进行了优化,利用分枝定界法求出了模型的最优解[52],但模型假设企业生产为连续生产,产品一旦投产开工,就连续生产加工直到产品生产完毕与实际不符。

李海燕等对由单个制造商和多个客户构成的供应链,提出了客户选择可变方案,一由此建立批量生产计划模型,分别设计了遗传算法和分枝定界法对问题进行求解,结果证明,分枝定界法更适合求解规模较小的问题,而遗传算法可以通过调整种群规模和遗传算子来解决规模较大的问题[53]。

(2)分销决策研究

分销过程不涉及生产,其产品是向上级制造商或供应商订货而来,选址—分配模型是分销网络决策的重要组成部分。选址—分配问题可以定义为依据客户点的地理分布与货物分配关系,确定出某一地理范围内设施的数量和位置,其目标函数通常是设施和需求地之间的总距离或者总费用的最小值。

分销网络的制定属于战略决策,选址—分配则被看作战术决策问题。选址问题侧重分销中心位置的选择,分配问题则侧重于潜在的客户服务区由哪个分销中心负责。总体来说,选址—分配问题的解决有两种方法,异步方式和协同方式。异步方式是在确定选址决策的基础上进一步考虑产品分配;而协同方式是同时考虑选址决策和产品分配,因此,协同方式的求解要比异步方式复杂。一般情况下的选址—分配问题大多以多产品为背景,模型往往假设制造商为单一生产商,并且运输成本与运输量成线性关系。

$$\text{minimize} \quad Z = \sum_{p,k,l} C_{pkl} Y_{pkl} + \sum_{k} f_k z_k \quad (1\text{-}10)$$

subject to

$$\sum_{l} Y_{pkl} \leqslant S_{pk} z_k \quad \forall p, k \quad (1\text{-}11)$$

$$\sum_{l} Y_{pkl} = d_{pl} \quad \forall p, l \quad (1\text{-}12)$$

$$z_k \in \{0,1\} \quad \forall k \tag{1-13}$$

$$Y_{pkl} \geqslant 0 \quad \forall p,k,l \tag{1-14}$$

此模型中 p 表示产品种类,k 表示分销中心,l 表示市场;决策变量 z_k 表示是否对分销中心 k 进行选址,1 表示选择,0 表示不选择;Y_{pkl} 表示由分销中心 k 运输产品 p 到市场 l 的运输量。该模型以分销中心运输到市场的运输成本与分销中心固定建设成本之和最低为目标函数。假设各个分销中心的存储能力、各个市场的需求已知,约束式(1-11)保证了产品 p 的运输量小于分销中心 k 对产品 p 的存储能力;约束式(1-12)表示产品 p 由分销中心到市场 l 的运输量满足市场 l 需求;约束式(1-13)、(1-14)表示各个变量的取值范围。

Geoffrion 和 Graves 对模型做了进一步扩展,考虑多生产商环境下的选址—分配模型。该模型假设工厂生产能力已知且固定;各市场产品需求量已知且固定;每个市场仅能由一个分销中心送货;分销中心潜在的位置已知;主要的物流成本包括分销中心固定运营成本,可变运营成本,由工厂到分销中心、由分销中心到市场的运输成本。Geoffrion 给出的模型如下[54]:

$$\text{minimize} \quad Z = \sum_{p,k,l} C_{pjkl} Y_{pjkl} + \sum_{k} \left[f_k z_k + v_k \sum_{p,l} d_{pl} y_{kl} \right] \tag{1-15}$$

subject to

$$\sum_{k,l} x_{pjkl} \leqslant s_{pj} \quad \forall p,j \tag{1-16}$$

$$\sum_{j} x_{pjkl} = d_{pl} y_{kl} \quad \forall p,k,l \tag{1-17}$$

$$\sum_{j} y_{kl} = 1 \quad \forall l \tag{1-18}$$

$$\underline{V}_k z_k \leqslant \sum_{p,l} d_{pl} y_{kl} \leqslant \overline{V}_k z_k \quad \forall k \tag{1-19}$$

$$z_k \in \{0,1\} \quad \forall k \tag{1-20}$$

$$y_{kl} \in \{0,1\} \quad \forall k,l \tag{1-21}$$

$$x_{pjkl} \geqslant 0 \quad \forall p,j,k,l \tag{1-22}$$

模型中 p 表示产品种类,j 表示工厂,k 表示分销中心,l 表示市场。模型以总的建设成本和运输成本最低为目标函数,如式(1-15)所示;约束式(1-16)表示产品的运输量不超过工厂生产能力;约束式(1-17)表示运输量满足市场需求;约束式(1-18)表示每个市场仅能由一个分销中心送货;约束式(1-19)表示分销中心能力约束满足市场需求量;约束式(1-20)、(1-21)、(1-22)表示各变量的取值范围。作者在求解过程中采用 Bender 解耦原理将整个规划问题分解成多个简单的线性规划问题进行求解。

库存是分销网络的重要组成部分。传统分销网络库存问题研究以订货成本与库存持有成本之和最低为目标函数,在市场需求已知且固定的前提下求解最优方案。更为一般的企业分销网络库存模型假设不允许市场缺货;工厂到分销中心、分销中心到市场提前期为 0。最优方案的求解与传统方法一样,通过权衡订货成本和库存持有成本来确定订货量。其数学模型如下:

$$\text{minimize} \quad Z = \sum_{p,k,t} [s_{pkt} X_{pkt} + h_{pkt} I_{pkt}] + \sum_{p,l,t} [S_{plt} Y_{plt} + H_{plt} B_{plt}] \tag{1-23}$$

subject to

$$I_{pkt-1} + \sum_{j \in K_k} q_{pjkt} - I_{pkt} = \sum_{l \in L_k} d_{plt} \quad \forall p,k,t \tag{1-24}$$

$$B_{plt-1} + \sum_{k \in D_l} Q_{pklt} - B_{plt} = d_{plt} \quad \forall p,l,t \tag{1-25}$$

$$\sum_{k \in J_j} q_{pjkt} \leqslant p_{pjt} \quad \forall p,j,t \tag{1-26}$$

$$\sum_{j \in K_k} q_{pjkt} \leqslant p_{pjt} \quad \forall p,j,t \tag{1-27}$$

$$\max_{j \in K_k} q_{pjkt} \leqslant M X_{pkt} \quad \forall p,k,t \tag{1-28}$$

$$\max_{k \in D_l} Q_{pjkt} \leqslant M Y_{plt} \quad \forall p,l,t \tag{1-29}$$

$$X_{pkt}, Y_{plt} \in \{0,1\} \quad \forall p,k,l,t \tag{1-30}$$

$$q_{pjkt}, Q_{pklt} \geqslant 0 \quad \forall p,j,k,l,t \tag{1-31}$$

$$I_{pkt}, B_{plt} \geqslant 0 \quad \forall p,k,l,t \tag{1-32}$$

模型中 p 表示产品种类,j 表示工厂,k 表示分销中心,l 表示市场,t 表示周期;约束式(1-24)、(1-25)表示分销中心、零售商库存量平衡约束;(1-26)表示工厂生产约束;(1-27)表示分销中心存储约束;(1-28)、(1-29)表示再订购约束;(1-30)、(1-31)、(1-32)表示各个变量的取值范围。

(3) 生产—分销网络模型研究

通过对近 30 年国内外发表的百余篇有关供应链分销系统网络文献的研究发现,分销系统网络的研究经历了由研究确定环境下的单一制造中心、单一产品、单周期、单一目标的单纯分销系统网络构建问题转向研究不确定环境下的多制造中心、多产品、多周期、多目标的生产和分销联合构建网络。

Brown 探讨了多产品的销售网络,并用混合整数规划模型求解了工厂开设与关闭、设备在各工厂的产品分配及产品从工厂流向顾客的配送问题[55]。

Ali 研究了在网络中各个分销中心容量限制不一样的条件下,如何建立分销系统网络,并给出了数学模型[56]。

Van Roy 探讨了多层生产及销售网络[57]，Williams[58]、Muckstadt[59]等建立制造—分销动态规划模型用来求解最小的制造和分销总成本。用动态规划方法建立制造—分销集成模型一般都能求出最优解，但由于需求设定为确定的，同时制造和分销的提前期均为确定的，限制了模型的使用。

Haqetal 提出一个混合整数方法用来决定制造和分销的批量，以达到多阶段的制造—库存—分销的总成本的最小。模型考虑了单件制造成本、工厂固定成本、单件存储成本、单件运输成本[60]。

Pyke 和 Cohen 用马尔可夫链的方法研究了单产品一个工厂、一个仓库、一个销售商的问题，其后又发展为多产品模型，并给出了次优算法[61]。

Towill 和 Del Vecchio 以即定的顾客服务水平作为目标构建了分销系统网络模型[62]。

Arntzen 则提出了多周期设施位置固定的，目标函数为总成本最小的供应链优化模型[63]。

Ishill[64] 和 Altiok[65] 分别以系统中缺货概率来衡量系统的响应能力，建立了基于响应时间的网络模型。Voudouris[66] 则将如何使得系统的柔性更强作为分销系统网络建立的依据来进行考虑。

Jukka Korpela 首先对网络中组成成员的顾客服务水平进行评价，然后将其带入到混合整数规划中，对网络中的成员进行选择，从而实现建立的网络服务水平最高[67]。

Yang 探讨了在定单生产环境下企业分销系统网络的构建问题[68]。

Pikul 和 Jayaraman 建立了一个结合设施选址和需求分配的多产品、单个制造中心的双层规划模型来描述分销系统网络的构建[69]。

Mokashi 和 Kokssis 提出的模型，在考虑了多周期的问题上，目标函数同时也考虑生产时间的最小[70]。而 Schneeweiss 和 Kirstin 的模型则同时考虑到了生产条件与供应条件的影响，目标函数为总成本最小总利润最大，同时含有罚函数[71]。

H M. wee 和 Yang[72] 在 Goyal[73] 的研究基础上对基于战略联盟条件下的产销一体化网络进行了阐述。

Mistsuo 和 Admi 提出了多个周期的分销系统网络模型，并且提出了基于遗传算法的求解方法[74]。

Daniela 和 Maria 则将库存决策融入到分销系统网络的构建问题中，使得分销系统网络的构建更加符合现实的环境[75]。

目前，国内也有很多定量研究成果，主要包括：

李应、杨善林针对由一个制造商及多个分销中心和零售商组成的多级分布式供应链系统，考虑供应链成员间的阶层关系、各自不同的目标以及决策的交互影响特性,建立了分布式三层供应链协同生产—分销模型,以满足各成员的利润目标和供应链的协调运转。并在决策行为与规划结果方面与模糊多目标规划法作了比较分析[76]。

高峻峻等提出一种分销系统的最小成本模型,模型在产品的需求和到达提前期都不确定,且允许缺货需求的条件下,研究两个制造商两个分销商组成的分销网络成本优化问题,把分销商满足市场需求时的服务水平作为优化问题的约束条件,综合考虑库存成本、订货成本、运输成本和缺货成本,模型给出了求解满足约束的最优订货量的算法[77]。但该模型针对单一产品,可以进一步扩展到多产品模型。

李鉴、谢金星在文献[78]的基础上进一步分析了分布式配送系统网络的性质。假定各合并中心之间不存在需求竞争,在运输时间不确定性和对货物早到有限制的前提下,以极小化库存费用和满足定时送货要求为目标,建立了确定运输提前期的模型[79]。

孙会君、高自友建立了双层规划模型对二级分销网络进行设计,不但考虑了制造企业自身的利益,还考虑了客户的选择行为,使每个客户的费用最小。模型中上层规划可以描述为决策部门在允许的固定投资范围内确定最佳的分销中心的地点以使得总成本最小包括固定成本和变动成本。而下层规划则描述在多个分销中心存在的条件下,客户需求量在不同分销中心之间的分配模式,它的目标是使每个客户的费用最低。并针对各层规划分别建立对应的数学模型,各层规划属于整数规划问题,基于双层规划求解问题的复杂性,求解方法采用启发式方法[80~83]。启发式方法是一种逐次逼近的方法,通过对问题进行反复判断,实践修正,直到满意为止。这种方法的优点是模型简单,需要进行方案组合的个数少,因而容易寻求最佳的答案;缺点是这种方法得出的答案很难保证是最优化的。一般情况下只能得到满意的近似解[84]。

唐凯等提出了一种随机多阶段的联合选址—库存模型。模型考虑了经济规模和分摊效益的影响以及未来市场环境的不确定性。建了以整个战略周期内的总期望成本(包括库存、运输、选址成本与损失的收益)最小为目标的非线性整数规划模型,采用基于拉格朗日松弛的求解算法对模型进行了求解,但该算法只适用于中小规模的算例。随着规模的增加,在有效时间内求解出的最优解的上下界相对误差值会不断增大[85]。

赵志刚等以一个多仓库、多分销点的供应链二级分销网络为研究对象,分别从供应链上、下游企业的角度出发,以各自的物流成本最小化为目标,建立了描述该分销网络优化问题的双层规划模型。文献讨论了模型的求解并提出了一种基于粒子群优化算法及分层迭代思想的求解算法,最后借助计算机技术有效求解双层规划问题,获得全局最优解[86]。

张长星、党延忠从客户服务因素—周期服务水平出发,构建了整合库存控制的分销网络设计的连续近似模型。该模型的目标函数不仅包括了分销中心的固定费用、运营费用、运输费用,而且引进了实际中关注的存储费和订货费;模型在决定分销网络结构的同时还确定了各分销中心的库存策略(订货点和订货量)。通过对离散模型和连续近似模型的比较与分析,得出结论:两者混合使用是取得最优、具体、灵活的分销网络设计方案的基础[87]。

随着企业自身的成长,其市场不断扩大,在一个固定的区域主要表现为客户数量和需求量的逐渐递增。张长星、党延忠对区域固定的动态市场分销网络设计方法和模型进行深入的探讨,在 Campbell 研究的基础上,利用连续近似模型[88]对运输费用进行近似计算,建立了连续的、在时间跨度上全局优化的(即可以在不确切知道增加客户的数量、需求,只知道客户数量、需求变化趋势函数的情况下确定重构时刻)模型,并整合了分销中心库存策略的分销网络重构框架[89]。

李延晖、马士华等从配送时间的角度对分销网络设计问题进行了研究,针对 Kuehn-Hamburger 模型中的假设进行了完善,使模型更好地表现实际情况。在此基础上,李延晖、马士华等又分别从模型的随机性、产品的多样性以及算法上对模型进行了不断改进[90~95]。

金海和、陈剑等针对需求拖动式供应链中,多供应商、多产品、多客户分销配送网络的优化设计问题,在考虑需求分配的情况下,提出了分销配送网络的优化模型。为了求解优化模型,提出了基于混合遗传算法求解混合0-1整数规划问题的算法。为了减少运算时间算法先对 0-1 变量进行搜索在对非 0-1 变量进行搜索[96]。黄海新等针对此类模型提出一种独特的简化的基因表达方法,采用遗传算法建立了一个精简实用的编码方法,对模型进行了快速求解[97]。喻海飞、汪定伟则针对分布式制造企业进行分销网络设计优化模型采用人工生命的方法。根据人工生命突现集群和与环境进行动态作用的特点以及生态系统中的食物链这一重要的生态现象提出一种基于人工生命的食物链算法,取得了较好的解[98]。

杜文研究了由一个仓库和 n 个客户(如零售商、批发商等,而非产品最终的消费者)组成的物流配送系统中,如何经济合理地将中央仓库的库存分配给每个客户使系统整体的性能最优的随机库存/运输联合优化(ITIO)问题,同时考虑了每个客户的需求量以及最佳的配送路线。应用随机条件下基于固定分区策略(FPP)思想求解 ITIO 问题的方法,讨论了对随机需求量的近似确定化处理过程,建立了刻画问题特征的数学模型。详细论述如何将问题转化为容量约束下集中选址问题(CCLP)及相应的求解过程,并给出了具体的优化算法步骤[99]。

钟磊钢、李云岗、张翠华从供应链集成的角度出发,以整体利益最大化为目标,遵循市场规律引入了产品的需求价格弹性因素。运用双层规划模型,研究了分销中心选址、产品定价和客户在分销中心的最佳调运量等问题。在双层规划模型中,上层规划为分销中心选址模型,下层规划表示客户选择最佳分销中心订货模型。模型充分考虑了网络决策部门及客户的自身利益,同时针对客户在产品价格弹性下对产品的不确定性需求引入价格需求弹性,使模型在生产实践中更具有实际意义,应用的范围更加广泛[100]。

张得志等针对现代物流中比较典型的3级配送网络结构,结合企业生产和用户需求的不确定性的特点,提出了带模糊约束的模糊规划优化模型。模型考虑了生产的不确定性和客户需求不确定性因素,以及物流中心、配送中心等物流运作因素,根据该优化模型的特点,提出基于扩展运输问题的混合遗传算法[101]。

关于供应链协调的研究往往把电子商务市场与传统市场分开进行独立研究,没有考虑供应商同时参与两种市场营销的需求不确定下考虑情况。何勇等利用报童理论和退货政策模型,研究了传统市场与电子商务市场的内在关系,建立了供应商参与两种市场联合营销情况下的供应链管理模型。分析了供应商如何在电子商务环境下组织生产,如何通过实施协作提高供应链总利润,如何评估两种市场上的销售策略[102]。

滕春贤、姚锋敏、胡宪武利用均衡理论以及变分不等式的方法研究了具有随机需求的多商品流供应链网络,分析了网络中各层决策者的独立行为及其相互作用,构建了随机网络均衡模型,得到了该系统达到均衡的条件并给出经济解释[103]。

分布式配送系统通过就近市场装配加工,不仅适应当地消费习惯,而且缩短了供应周期。贺竹磬、孙林岩等建立了多供应点、多需求点、多部件、多产品的分布式装配系统在客户需求不确定条件下的配送网络设计模型。与以往文献不同,模型考虑了部件和成品之间的不同装配比例[104]。在此基础上,贺竹磬,孙林岩等设计了基于优先权编码的遗传算法对优化模型进行了求解[105]。

1.5.2 供应链选址—分配文献综述

选址—分配问题可以定义为依据客户点的地理分布与货物分配关系,确定出某一地理范围内设施的数量和位置[106]。LAP实质上是一个依据优化路径的原则来确定在什么地方设置设施的过程。典型的选址—分配问题是在n个潜在的可选地址中选择p个建立设施(分中心、工厂),并且把需求的产品分配到这些建立的设施[107]。其目标函数通常是设施和需求地之间的总距离或者总费用的最小值。

Brandeau和Chiu对多个有典型代表意义的选址问题进行了综述,并分析了它们的特点[108];John Current[109]等学者依据问题的目标函数将LAP问题分为了四种类型;对于公共设施的选址研究领域,很多学者建立了很多数学模型,Schilling等[110]对这类选址问题作详细的综述。在文献[111]和文献[112]的基础上对涉及分销网络的选址文献进行了总结归纳,见表1-2。

表1-2 设施选址文献分类

模型分类			主要相关文献
确定型模型	单周期	单产品	文献(113~133)
		多产品	文献(134~157)
	多周期	单产品	文献(158~164)
		多产品	文献(165~174)
不确定型模型	单周期	单产品	文献(175~188)
		多产品	文献(189~193)
	多周期	单产品	文献(194)
		多产品	

1.6 有待研究的问题

由文献综述可知,国内外学者在供应链生产—分销网络设计优化方面的研究和应用已取得了丰硕成果,但还有相当多的问题有待于进一步研究。通过以上对有关文献的综述,发现目前研究在以下几个方面存在不足:

①现有文献主要针对不同生产模式进行比较研究,目的在于通过生产决策使企业在现有生产条件下生产的产品尽可能满足市场需求,然而文献忽略了分销系统(如运输时间、运输成本)对生产策略选择的影响。生产—分销系统是供应网络设计重要组成部分,决定了企业的供应链模式,因而,对特定类型产品的生产—分销系统进行研究更具实际意义。

②现有文献中,生产—分销模型大多没有考虑产品生命周期不同阶段的竞争策略的不同,因而没有考虑不同周期阶段与之相匹配的供应链模式的不同。实际上,在产品生命周期不同的阶段,其需求特征表现出不同的特

点,且市场赢得要素和市场资格要素在产品生命周期内是动态变化的,因而产品生命周期不同阶段的竞争策略不同。因此,在产品生命周期的不同阶段,应选择不同的供应链模式。

③现有文献中,虽然给出了多产品的生产—分销优化模型,但是没有考虑多代共存的优化。在多代共存环境下,需要考虑新产品对老产品的替代性、价格波动性对老产品需求量的影响;同时,如何确定新、老产品的生产规模,运输方式,存储位置才能最好的满足顾客需求、使企业盈利最大化,是企业面临的重要决策问题。

1.7 研究思路和研究内容

1.7.1 研究思路

本书针对不同类型创新产品生产模式的不同,构建不同模式下的生产—分销网络优化模型,将运筹学方法、智能优化、仿真技术和优化软件等相结合实现对优化模型的求解,并采用数值实验验证模型的应用性和算法的有效性。即采用"问题描述-模型建立-优化求解-数值实验"的研究路线。研究内容的基本框架如图1-10所示。

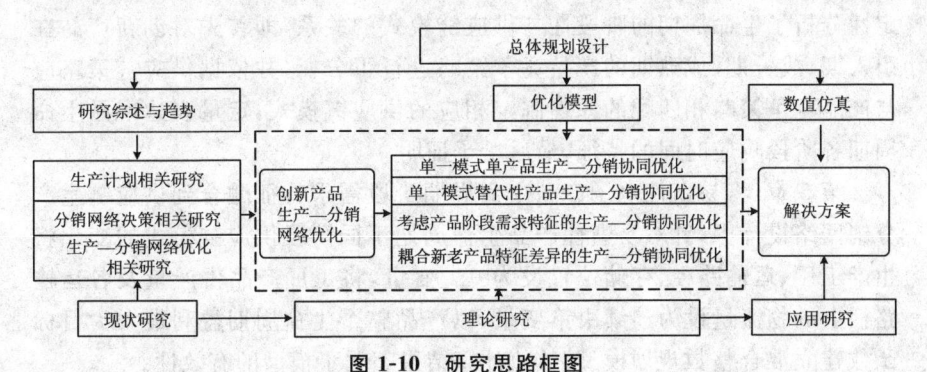

图1-10 研究思路框图

1.7.2 研究内容

主要针对创新产品生产模式的不同,建立供应链网络优化模型,并寻求有效的求解方法,为实现供应链高效、有序、协同运作提供理论支持和借鉴参考。下面对相关章节的内容作简要的介绍:

第1章:介绍了选题背景、选题意义,在此基础上,对供应链生产—分销网络相关理论和研究现状进行综述;继而提出研究思路、研究内容以及逻辑结构。

第2章：针对易逝性电子产品可供采用的四种不同生产—分销策略，对带时间约束的生产—运输问题进行协同优化，在充分考虑产品生产成本、运输成本、缺货成本、存储成本等条件基础上，分别建立以盈利最大化为优化目标的混合整数优化模型，以触摸屏生产商生产—分销模式选择为例，通过对四种策略求解结果比较分析，得出最佳生产—分销策略。模型扩展部分尝试引入 WCVaR 度量易逝品的生产—分销网络风险，考虑多种不完全需求分布信息下的网络优化问题，建立满足一定服务水平下生产—分销网络风险值最小的优化模型，求得最坏情景下的最优策略。

第3章：针对共存环境下汽车类型选择的特征，将纯电动汽车购买初始意愿系数引入需求函数，对共存环境下汽车类型选择与生产—分销联合优化进行研究。考虑纯电动汽车购买初始意愿系数综合评价价格、技术水平以及配套设施完善程度对选择纯电动汽车的影响，由消费者剩余确定纯电动汽车和传统汽车的需求函数；然后，在生产能力有限的前提下，以生产能力、流量均衡、存储空间、运输能力为约束条件，以总利润最大化为目标函数，构建了一个非线性整数规划联合优化模型，并给出模型求解的混合智能算法；最后通过算例说明了模型的可行性和算法的有效性。

第4章：首先对所研究的创新产品进行了定义，基于对创新产品生命周期阶段性的分析，将匹配的思想运用到各阶段供应链模式的选择上。然后定性分析了生命周期的阶段性与供应链模式的关系，即首先对创新产品在引入期、成长期、成熟期的产品竞争策略进行了分析，并依据供应链策略应与产品竞争策略相匹配的原理制定相应的供应链模式，定量表达产品生命周期各阶段响应时间的特征，最后给予证明。

第5章：将易逝性电子产品生命周期阶段需求特征融合到供应链生产分销网络设计中，针对易逝性产品生命周期不同阶段供应链模式的变化将生产工厂、运输路径、存储位置设为 0-1 变量，将工厂产品生产量及各运输路径上的物流量设为连续决策变量，以产品整个生命周期盈利最大为目标函数建立混合整数规划模型，数值计算结果表明了模型的有效性。

第6章：针对顾客满意度和企业利润间的矛盾，将阶段顾客满意度作为决策变量融入到物流成本结构内，在综合考虑了产品生命周期不同阶段的生产成本、运输成本、仓库租赁成本以及销售价格的基础上建立了不确定环境下基于顾客满意度的动态供应优化模型。

第7章：建立多代共存生产—分销网络协同优化模型，针对新产品对老产品的单向替代性，根据新、老产品需求函数对新、老产品价格进行协同优化；另一方面针对新、老电子产品市场需求特征的差异性对不同生产模式下的混合配送模式进行协同优化。通过对构建的非线性整数规划模型进行求解可以确定新、老的销售价格、生产规模、运输方式、分销数量。模型扩展部分则分别考虑了生产工厂的生产能力及各种运输方式的运输能力限制以及需求的不确定性。

第8章：研究双渠道环境下服装企业生产—分销网络优化策略，在服装传统分销渠道的基础上引入网络销售渠道，建立双渠道环境下服装供应链利润最大化的混合整数规划模型，通过数值仿真与灵敏度分析总结网络销售渠道的引入对传统分销渠道产品销售的影响；进一步研究由订单切入点不同引起生产—分销网络改变的预售模式，分析其对传统分销渠道产品销售的影响，考虑服装产品的可获得性惩罚成本、生产成本、库存成本、运输成本等因素的影响，建立包含制造商、分销商两级供应链的生产—分销网络模型，并运用数值仿真与灵敏度分析验证了预售模式的可行性。

第 2 章 单一创新产品供应链网络协同优化

2.1 引言

近年来,日益加剧的全球化竞争、技术的快速发展和越来越高的客户需求期望使企业所处的运营环境变得越来越复杂和不确定。为了响应客户需求的不确定性、保持供应链盈利水平,有必要在供应链中适当设置解耦点,以便为波动的市场提供产品或服务而最小化整个供应链成本。解耦点定位的位置,反映了不同的战略库存定位,根据解耦点的位置和延迟与否,可将供应链类型划分为"接单生产"模式、"库存生产"模式、"延迟生产"模式和"部分延迟生产"模式。

产品类型与需求特征的不同使其生产策略的选择也不尽相同,因此,企业应对生产模式进行选择比较[195]。文献[196]探讨了 MTS 和 MTO 的区别,分析了 MTO 模式在国际运作中的应用,为跨国公司经理在全球进行 MTO 模式运作提出具体指导;文献[197]针对库存生产和订单生产两类供应链业务流程建立了 Petri 网模型并进行仿真,结果表明 MTO 模式的库存明显低于 MTS,但 MTS 在订单响应时间和设备利用率方面均优于 MTO;文献[198]采用 Excel 对美国 3M 公司的制造供应链中的提前期和增加的收益率等离散事件进行模拟,结果表明 MTS 好于 MTO;文献[199]在分析单次生产模式基础上引入两次生产模式,分析了在两次生产模式下供应商对库存的最优决策;文献[200]研究了一个小型钢厂从 MTO 向混合的 MTS/MTO 转变,文献[193]则认为在 MTO 供应网络下采用分布式制造是适合 MTO 环境的最优战略;文献[201]考察不同生产方式下物料需求的特点,对 MTS、MTO 和 ATO 等制造模式下的供应链和其物料需求的差异进行比较分析;文献[202]引入延迟策略解决液晶面板产业生产策略问题,并与 MTS、MTO 和 ATO 三种常见的生产控制策略进行对比研究。上述文献主要针对不同生产模式进行比较研究,目的在于通过生产决策使企业在现有生产条件下生产的产品尽可能满足市场需求,然而文献忽略了分销系统(如运输时间、运输成本)对生产策略选择的影响。生产—分销系统是供应网络设计重要组成部分,决定了企业的供应链模式,因而,对特定类型产品的生产—分销系统进行研究更具实际意义,而目前少有文献针对不同模式下带时间约束的生产—分销协同优化进行对比分析。

鉴于此,本章将不同策略下产品生产—分销系统进行协同优化,针对易逝性电子产品元件分别建立带时间约束的四种不同模式下的混合整数优化模型,并通过数值仿真对不同生产—分销策略进行比较、分析,确定最优生产—分销控制策略使供应链整体的收益达到最大化。

2.2 单一模式单产品优化模型

2.2.1 问题描述

根据上述分析可知,企业生产可采用接单后生产—分销策略、延迟生产—分销策略、面向库存生产—分销策略和部分延迟生产—分销策略。为了实现盈利最大化,企业需要对不同生产—分销策略进行比较选择,并确定各生产—分销模式下产品生产数量、生产时间,运输方式及运输量。为此,将生产量及各条物流路径上的物流量设为连续决策变量,从而建立该问题的混合整数规划模型。

2.2.2 参数确定

(1)上下标

I 为产品销售市场集合,$I = \{1,2,\cdots i \cdots a\}$;

J 为成品存储的分销中心集合,$J = \{1,2,\cdots j \cdots b\}$;

K 为生产工厂集合,$K = \{1,2,\cdots k \cdots c\}$;

W 为半成品存储仓库集合,$W = \{1,2,\cdots w \cdots d\}$;

T 为周期集合,$T = \{1,2 \cdots t \cdots n\}$。

(2)能力参数

CP_{kt} 为周期 t 工厂 k 最大生产能力;

CD_{jt} 为周期 t 分销中心 j 储存能力;

$CSP_{w_k t}$ 为周期 t 工厂仓库 w_k 的储存能力。

(3)需求价格参数

D_{it} 为周期 t 市场 i 产品最大需求量;

Pc_{it} 为周期 t 市场 i 实际销售价格。

(4)费用参数

cvp_{kt} 为周期 t 工厂 k 单位产品生产成本;

cvl_{kt} 为周期 t 工厂 k 单位半成品生产成本;

cvr_{w_kt} 为周期 t 对工厂仓库 w_k 单位半成品再加工成本；

cvv_{w_kt} 为周期 t 仓库 w_k 单位半成品运行成本；

chp_{w_kt} 为周期 t 末工厂仓库 w_k 单位半成品存储成本；

cvs_{jt} 为周期 t 分销中心 j 单位产品运行成本；

ch_{jt} 为周期 t 末分销中心 j 单位产品存储成本；

cvt_{kit} 为周期 t 单位产品由工厂 k 到市场 i 运输成本；

cvt_{kjt} 为周期 t 单位产品由工厂 k 到分销中心 j 的运输成本；

cvt_{jit} 为周期 t 单位产品由分销中心 j 到市场 i 的运输成本；

cs_{it} 为周期 t 在市场 i 单位产品缺货成本。

(5)时间参数

pt_{kt} 为周期 t 工厂 k 单位产品生产时间；

tp_{kt} 为周期 t 工厂 k 单位半成品生产时间；

trp_{w_kt} 为周期 t 工厂 k 对工厂仓库 w 单位半成品再加工时间；

ta_{kit} 为周期 t 产品由工厂 k 到市场 i 运输时间；

tb_{kjt} 为周期 t 产品由工厂 k 到分销中心 j 所需运输时间；

tc_{jit} 为周期 t 产品由分销中心 j 到市场 i 所需运输时间；

$tm_{i(t,t+1)}$ 为相邻周期 t、$t+1$ 市场 i 订货时间间隔；

tr_{it} 为周期 t 市场 i 对产品要求的交货时间；

rt_{k1} 为第一周期工厂 k 前置时间。

(6)决策变量

x_{kt} 为周期 t 工厂 k 产品实际生产量；

xt_{kt} 为周期 t 工厂 k 产品生产时间，$xt_{kt} = pt_{kt}x_{kt}$；

xp_{kt} 为周期 t 工厂 k 半成品生产量；

xtp_{kt} 为周期 t 工厂 k 半成品生产时间，$xtp_{kt}^n = tp_{kt}^n xp_{kt}^n$；

xp_{w_kt} 为周期 t 在工厂仓库 w_k 半成品的入库量；

xrp_{w_kt} 为周期 t 对工厂仓库 w_k 半成品出库再加工量；

xvp_{kt} 为周期 t 对工厂 k 半成品的再加工时间，$xvp_{kt} = \sum_{w \in W} trp_{w_kt} xrp_{w_kt}$；

wp_{w_kt} 为周期 t 末半成品在工厂仓库 w_k 存储量；

y_{kit} 为周期 t 工厂 k 到市场的运量；

z_{kjt} 为周期 t 工厂 k 到分销中心 j 运输量；

f_{jit} 为周期 t 分销中心 j 到市场 i 的运量；

u_{jt} 为周期 t 末分销中心 j 产品存储量；

ζ_{it} 为周期 t 市场 i 的缺货量。

2.2.3 模型建立与求解

2.2.3.1 接单后生产—分销策略

接单后生产—分销策略是根据用户提出的具体订货要求后,才开始组织生产,进行采购、制造、运输等工作,因而不会造成产品过剩而导致的存货成本,但可能会因产能不足引起缺货损失。采用此策略最大盈利可表示为

$$Max = \sum_{t \in T} \sum_{i \in I} Pc_{it}(D_{it} - \zeta_{it}) - \sum_{t \in T} \sum_{i \in I} cs_{it} \zeta_{it}$$
$$- \sum_{t \in T} \sum_{k \in K} cvp_{kt} x_{kt} - \sum_{t \in T} \sum_{k \in K} \sum_{i \in I} cvt_{kit} y_{kit} \quad (2-1)$$

1) 产品响应时间满足市场要求,即

$$xt_{kt} + ta_{kit} \leqslant tr_{it} \quad \forall k,i,t \quad (2-2)$$

2) 产品生产、运输量守恒,即

$$\sum_{i \in I} y_{kit} = x_{kt} \quad \forall k,t \quad (2-3)$$

$$\sum_{k \in K} y_{kit} = D_{it} - \zeta_{it} \quad \forall i,t \quad (2-4)$$

3) 生产能力限制约束,即

$$x_{kt} \leqslant CP_{kt} \quad \forall k,t \quad (2-5)$$

4) 规定了各个变量取值范围,即

$$x_{kt}, y_{kit}, \zeta_{it} \geqslant 0 \quad \forall k,i,t \quad (2-6)$$

2.2.3.2 延迟生产—分销策略

延迟生产—分销策略是指工厂按照模块化设计组织生产,最终装配只在接到订单时才进行;工厂中只有可选模块零部件库,没有成品库。因此,可能存在半产品存储费用及因产能不足引起缺货损失。采用此策略最大盈利可表示为

$$Max = \sum_{t \in T} \sum_{i \in I} Pc_{it}(D_{it} - \zeta_{it}) - \sum_{t \in T} \sum_{i \in I} cs_{it} \zeta_{it} - \sum_{t \in T} \sum_{k \in K} cvl_{kt} xp_{kt}$$
$$- \sum_{t \in T} \sum_{k \in K} \sum_{w \in W} xp_{w_k t} cvv_{w_k t} - \sum_{t \in T} \sum_{k \in K} \sum_{w \in W} cvr_{w_k t} xrp_{w_k t}$$
$$- \sum_{t \in T} \sum_{k \in K} \sum_{w \in W} chp_{w_k t} wp_{w_k t} - \sum_{t \in T} \sum_{k \in K} \sum_{i \in I} cvt_{kit} y_{kit} \quad (2-7)$$

1) 产品响应时间满足市场要求,即

$$xvp_{kt} + ta_{kit} \leqslant tr_{it} \quad \forall k,i,t \quad (2-8)$$

$$xtp_{k1} \leqslant rt_{i1} \quad \forall k,i; t=1 \quad (2-9)$$

$$xtp_{kt} \leqslant tm_{i(t-1,t)} - xvp_{k(t-1)} \quad \forall k,i; t>1 \quad (2-10)$$

2) 产品生产、运输、需求量守恒,即

$$xp_{kt} = \sum_{w \in W} xp_{w_k t} \quad \forall k,t \quad (2-11)$$

$$\sum_{w \in W} xrp_{w_k t} = \sum_{i \in I} y_{kit} \quad \forall k,t \tag{2-12}$$

$$\sum_{k \in K} y_{kit} = D_{it} - \zeta_{it} \quad \forall i,t \tag{2-13}$$

3) 半成品存储量守恒，即

$$wp_{w_k t} = xp_{w_k t} - xrp_{w_k t} + wp_{w_k(t-1)} \quad \forall w,k,t \tag{2-14}$$

4) 工厂仓库初始库存及最后一个周期末库存为 0，即

$$wp_{w_k 1} = 0, wp_{w_k n} = 0 \quad \forall w,k \tag{2-15}$$

5) 各种设施的能力约束，即

$$xp_{kt} \leqslant CP_{kt} \quad \forall k,t \tag{2-16}$$

$$\sum_{w \in W} xrp_{w_k t} \leqslant CP_{kt} \quad \forall k,t \tag{2-17}$$

$$xp_{w_k t} + wp_{w_k(t-1)} \leqslant CSP_{w_k t} \quad \forall k,w,t \tag{2-18}$$

6) 规定了各个变量取值范围，即

$$x_{kt}, xp_{kt}, xp_{w_k t}, xrp_{w_k t}, wp_{w_k t}, y_{kit}, \zeta_{it} \geqslant 0 \quad \forall k,i,w,t \tag{2-19}$$

2.2.3.3 面向库存生产—分销策略

面向库存生产—分销策略是对市场需要量进行预测的基础上，有计划地进行生产、运输，产品有一定的库存。由于预测误差，可能会出现存货小于市场需求产生缺货损失和存货大于市场需求产生库存成本，采用此策略最大盈利可表示为

$$\begin{aligned} Max = & \sum_{t \in T} \sum_{i \in I} Pc_{it}(D_{it} - \zeta_{it}) - \sum_{t \in T} \sum_{i \in I} cs_{it}\zeta_{it} - \sum_{t \in T} \sum_{k \in K} cvp_{kt}x_{kt} \\ & - \sum_{t \in T} \sum_{k \in K} \sum_{j \in J} cvt_{kjt}z_{kjt} - \sum_{t \in T} \sum_{j \in J} \sum_{k=K} z_{kjt}cvs_{jt} - \sum_{t \in T} \sum_{j \in J} ch_{jt}u_{jt} \\ & - \sum_{t \in T} \sum_{j \in J} \sum_{i \in I} cvt_{jit}f_{jit} \end{aligned} \tag{2-20}$$

1) 产品响应时间满足市场要求，即

$$tc_{jit} \leqslant tr_{it} \quad \forall j,i,t \tag{2-21}$$

$$xt_{k1} + tb_{kj1} \leqslant rt_{i1} \quad \forall k,j,i; t=1 \tag{2-22}$$

$$xt_{kt} + tb_{kjt} \leqslant tm_{i(t-1,t)} + \sum_{t=2}^{t-1}(tm_{i(t-1,t)} - xt_{kt}) + (rt_{k1} - xt_{k1})$$

$$\forall k,j,i; t>1 \tag{2-23}$$

2) 产品生产、运输、存储及需求量守恒，即

$$x_{kt} = \sum_{j \in J} z_{kjt} \quad \forall k,t \tag{2-24}$$

$$u_{jt} = \sum_{k \in K} z_{kjt} - \sum_{i \in I} f_{jit} + u_{j,(t-1)} \quad \forall j,t \tag{2-25}$$

$$\sum_{j \in J} f_{jit} = D_{it} - \zeta_{it} \quad \forall i,t \tag{2-26}$$

3) 分销中心初始库存及最后一个周期末库存为 0，即

$$u_{j1} = 0, u_{jn} = 0 \quad \forall j \tag{2-27}$$

4) 各种设施的能力限制，即

$$x_{kt} \leqslant CP_{kt} \quad \forall k,t \tag{2-28}$$

$$\sum_{k \in K} z_{kjt} + u_{j,(t-1)} \leqslant CD_{jt} \quad \forall j,t \tag{2-29}$$

5) 规定了各个变量取值范围，即

$$x_{kt}, z_{kjt}, f_{jit}, u_{jt}, \zeta_{it} \geqslant 0 \quad \forall k,j,i,t \tag{2-30}$$

2.2.3.4 部分延迟生产—分销策略

部分延迟生产—分销策略指将订单分离点分别设在工厂仓库和分销中心，这样既可以为顾客提供定制化产品和服务，又可实现规模经济，提高供应链的整体竞争力。此时，可能存在生产数量小于市场需求而产生的缺货损失成本，也可能存在半产品、成品产量大于需求产生的存储成本。因此，采用此策略最大盈利可表示为

$$\begin{aligned}Max = & \sum_{t \in T}\sum_{i \in I} Pc_{it}(D_{it} - \zeta_{it}) - \sum_{t \in T}\sum_{i \in I} cs_{it}\zeta_{it} - \sum_{t \in T}\sum_{k \in K} cvp_{kt}x_{kt} \\ & - \sum_{t \in T}\sum_{k \in K} cvl_{kt}xp_{kt} - \sum_{t \in T}\sum_{k \in K}\sum_{w \in W} xp_{w_kt}cvv_{w_kt} - \sum_{t \in T}\sum_{k \in K}\sum_{w \in W} cvr_{w_kt}xrp_{w_kt} \\ & - \sum_{t \in T}\sum_{k \in K}\sum_{w \in W} chp_{w_kt}wp_{w_kt} - \sum_{t \in T}\sum_{k \in K}\sum_{i \in I} cvt_{kit}y_{kit} - \sum_{t \in T}\sum_{k \in K}\sum_{j \in J} cvt_{kjt}z_{kjt} \\ & - \sum_{t \in T}\sum_{j \in J}\sum_{k = K} z_{kjt}cvs_{jt} - \sum_{t \in T}\sum_{j \in J} ch_{jt}u_{jt} - \sum_{t \in T}\sum_{j \in J}\sum_{i \in I} cvt_{jit}f_{jit}\end{aligned} \tag{2-31}$$

1) 产品响应时间满足市场要求，即

$$tc_{jit} \leqslant tr_{it} \quad \forall j,i,t \tag{2-32}$$

$$xvp_{kt} + ta_{kit} \leqslant tr_{it} \quad \forall k,i,t \tag{2-33}$$

$$xtp_{k1} + xt_{k1} \leqslant rt_{i1} \quad \forall k,j,i; t=1 \tag{2-34}$$

$$xtp_{kt} + xt_{kt} \leqslant tm_{i,(t-1)} - xvp_{k(t-1)} \quad \forall k,i, t>1 \tag{2-35}$$

$$tb_{kjt} \leqslant xtp_{kt} \quad \forall k,j,i,t \tag{2-36}$$

2) 产品生产、运输、需求量守恒，即

$$xp_{kt} = \sum_{w \in W} xp_{w_kt} \quad \forall k,t \tag{2-37}$$

$$\sum_{w \in W} xrp_{w_kt} = \sum_{i \in I} y_{kit} \quad \forall k,t \tag{2-38}$$

$$x_{kt} = \sum_{j \in J} z_{kjt} \quad \forall k,t \tag{2-39}$$

$$\sum_{k \in K} y_{kit} + \sum_{j \in J} f_{jit} = D_{it} - \zeta_{it} \quad \forall i,t \tag{2-40}$$

3) 存储量守恒，即

$$wp_{w_kt} = xp_{w_kt} - xrp_{w_kt} + wp_{w_k(t-1)} \quad \forall w,k,t \tag{2-41}$$

$$u_{jt} = \sum_{k \in K} z_{kjt} - \sum_{i \in I} f_{jit} + u_{j,(t-1)} \quad \forall j,t \qquad (2\text{-}42)$$

4)初始库存及最后一个周期末库存为0,即

$$wp_{w_k 1} = 0, wp_{w_k n} = 0 \quad \forall w,k \qquad (2\text{-}43)$$

$$u_{j1} = 0, u_{jn} = 0 \quad \forall j \qquad (2\text{-}44)$$

5)各种设施的能力限制,即

$$\sum_{w \in W} xrp_{w_k t} \leqslant CP_{kt} \quad \forall k,t \qquad (2\text{-}45)$$

$$xp_{w_k t} + wp_{w_k (t-1)} \leqslant CSP_{w_k t} \quad \forall k,w,t \qquad (2\text{-}46)$$

$$\sum_{k \in K} z_{kjt} + u_{j,(t-1)} \leqslant CD_{jt} \quad \forall j,t \qquad (2\text{-}47)$$

$$xp_{kt} + x_{kt} \leqslant CP_{kt} \quad \forall k,t \qquad (2\text{-}48)$$

6)规定了各个变量取值范围,即

$$x_{kt}, z_{kjt}, f_{jit}, u_{jt}, xp_{kt}, xp_{w_k t}, xrp_{w_k t}, wp_{w_k t}, y_{kit}, \zeta_{st} \geqslant 0 \quad \forall k,i,w,t \qquad (2\text{-}49)$$

2.2.3.5 优化模型求解

该模型是混合整数非线性规划模型,可利用传统的求解非线性规划的方法如分枝定界法、格朗日算子法求解。LINGO 是美国 LINDO 系统公司开发的一套专门用于求解最优化问题的软件包,包括线性规划、非线性规划以及二次规划问题等,具有执行速度快,易于求解和分析等特点,是求解组合优化的理想软件。以 LINGO 9.0 软件为基础,在 CPU Celeron(R) 2.40GHz、内存 1GB 运行环境下运行,针对模型设计程序求解。

2.3 数值仿真

触摸屏主要应用于智能手机、平板电脑,预计 2015 年触摸屏手机、电脑的出货量将超过 8 亿部,而车载、GPS 导航仪、门禁、安防、医疗设备、教育电子和家用电器等行业都是潜在的应用领域,其市场前景广阔。某触摸屏制造商对其生产分销策略进行比较选择。已知生产—分销集成网络由 2 个生产工厂、3 个分销中心和 3 个消费市场组成,每个工厂有 2 个仓库。工厂最大生产能力分别为 45000 件、35000 件;不同生产模式下生产效率及成本见表 2-1 所示,工厂仓库及分销中心单位运营成本、存储成本及存储能力见表 2-3 所示;各阶段订货时间间隔分别为 120,96,72,48,36,24 小时,各周期交货提前期分别为 60,50,40,30,20,10 小时,前置时间为 24 小时;某款触摸屏单位售价 1150 元,单位缺货损失 120 元;与模型有关的其余参数见表 2-1～表 2-7 所示。

表2-1 不同模式下的生产效率(小时/1000件)、成本(元)参数

工厂		接单后生产分销	延迟生产分销	面向库存生产分销	部分延迟生产分销
k_1	pt	3.1	—	2.85	2.94
	tp	—	1.93	—	2.0
	trp	—	1.2	—	1.27
	cvp	656	—	623	631
	cvl	—	407	—	414
	cvr	—	229	—	233
k_2	pt	3.07	—	2.81	2.90
	tp	—	1.87	—	1.89
	trp	—	1.25	—	1.16
	cvp	650	—	617	622
	cvl	—	415	—	421
	cvr	—	229	—	233

表2-2 半成品仓库单位可变成本(元)、存储成本(元)、存储能力(件)参数

半成品仓库		k_1	k_2
w_1	cvv	2	2
	chp	2	1.6
	CSP	8000	6000
w_2	cvv	3	3
	chp	2.1	1.8
	CSP	8500	9000

表2-3 分销中心单位运营成本(元)、存储成本(元)、存储能力(件)参数

参数	j_1	j_2	j_3
cvs	5	4	2
ch	6	7	5
CD	20000	25000	32000

表2-4 不同阶段各周期市场产品需求（件）参数

市场	t_1	t_2	t_3	t_4	t_5	t_6
i_1	3000	4000	15000	16000	9000	4000
i_2	4500	6000	12000	20000	15000	2000
i_3	8000	11000	20000	30000	14000	3500

表2-5 由工厂 K 到市场 I 单位运输成本（元）、运输时间（小时）参数

工厂		i_1	i_2	i_3
k_1	cvt	24	32	18
	ta	7	9	6
k_2	cvt	28	18	25
	ta	8	7.5	10

表2-6 由工厂 K 到分销中心 J 单位运输成本（元）、运输时间（小时）参数

工厂		j_1	j_2	j_3
k_1	cvt	10	9	11
	tb	4	5	3.2
k_2	cvt	14	8	16
	tb	3	4.5	2

表2-7 由分销中心 J 到市场 I 单位运输成本（元）、运输时间（小时）参数

分销中心		i_1	i_2	i_3
j_1	cvt	12	18	5
	tc	7	4	9
j_2	cvt	8	2	10
	tc	6	5	8
j_3	cvt	18	20	16
	tc	7	10	9

2.3.1 计算结果

根据以上信息,在 CPU Celeron(R) 为 2.40GHz、内存为 1GB 运行环境下,利用 LINGO 9.0 自带语言编程求解得到目标值。四种策略下各周期利润值、总利润值及总缺货损失成本,见图 2-1 和图 2-2 所示。

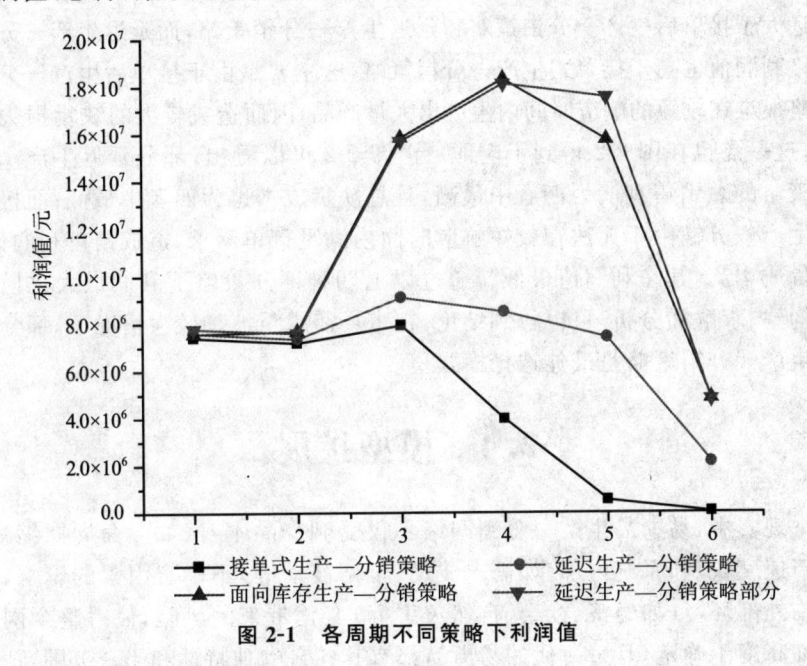

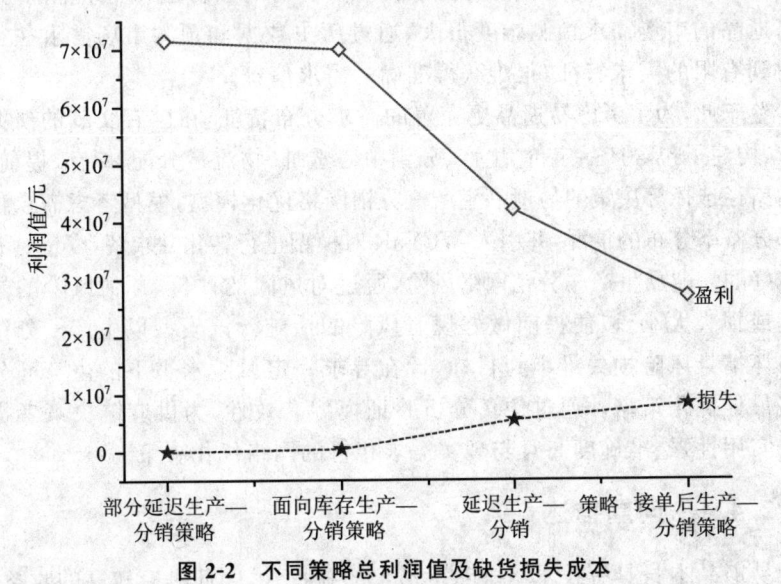

图 2-1 各周期不同策略下利润值

图 2-2 不同策略总利润值及缺货损失成本

2.3.2 结果分析

就各周期利润比较而言,在第一、二周期产品需求量不大且提前期较长的情况下,四种策略利润值相差不大;但随着需求量的增加、响应时间缩短,如第三、四、五周期,部分延迟生产—分销策略和面向库存生产—分销策略利润远大于接单后生产—分销策略和延迟生产—分销策略,而延迟生产—分销策略利润值也高于接单式生产—分销策略,这主要是由于接单后生产—分销策略很难在较短的响应时间内生产出大量产品,因而造成较大的缺货损失成本,这一点也在图 2-2 得到了应证。由图 2-2 可以看出,部分延迟生产—分销策略的总销售利润为四者中最高,且总缺货成本也为四者中最低;而接单后生产—分销由于无法在较短响应时间内满足订单需求,造成销售利润低、缺货成本高,其净利润值最低。通过以上四种不同策略下利润最大化模型的构建、求解和分析,可以得到结论:在市场需求量波动较大情况下,部分延迟生产—分销策略是最佳选择模式。

2.4 模型扩展

现实中,易逝品生产—分销网络不仅受到产品本身(如生命周期缩短、更新速度快)和系统内部(如需求波动、价格波动等)不确定因素的影响,还面临外部环境(如经济、社会、自然灾害等)变化带来的风险,使得整个网络面临高度不确定,且每一代的易逝品都有其各自的独特性和受众范围,这导致易逝品的市场需求预测难度很大,通过历史数据和预测市场需求往往只能得到有限的需求特征,很难获得准确的需求信息。

鉴于此,为了考虑易逝品更完善的需求分布特征,在已有文献的研究基础上,构建了包含产品定价、生产、分销中心选址、物流量分配、库存、提前期、运输路径选择等决策的易逝品生产—分销网络优化模型,模型考虑需求信息为部分概率分布的情况,并引入 WCVaR 对模型进行转化并求解,度量具有风险偏好的易逝品生产—分销网络风险,通过对风险的评价,预估风险的暴露程度或损失大小,以便提前做好规避风险的措施。该模型以生产—分销网络最坏情景风险损失最小为目标,旨在寻求一定风险水平下的生产—分销网络最佳优化策略。通过仿真分析验证模型有效性,为供应链决策者提供一个实用性强、准确度高且与现实需求相符的网络优化决策。

2.4.1 问题描述

易逝品本身具有技术、性能、价值上的独特性,因此具有较高的收益;同时,易逝品具有收益递增规律,即如果一个产品的使用者很多,就会吸引更多相关人员接受它,需求不断创造新需求,进一步扩大市场。因此,当某类易逝品在市场上热销时,其往往进入成长后期或成熟期,需求量较大且相对稳定,而竞争者的大量涌入会使部分需求渐渐转移、流失。为了最大限度赢得市场收益,首先需要对产品进行合理定价并提高服务水平,同时充分考虑产品的定价和响应时间对市场需求的影响,尽量降低需求的流失。其次,易逝品的网络优化应根据产品特点、所处的生命周期阶段、需求特性等充分考虑其生产—分销模式,不同的生产—分销模式会导致其网络结构不同。面对激烈的市场竞争和较大的市场需求,采用按库存生产,集中分销的产销模式,不仅可以进一步缩短响应时间,还能充分运用生产、运输及存储的规模效益减少各项成本。再次,点对点(PTP)的配送方式虽然能使购买者在短期内收到产品但未充分利用规模效益导致物流成本较高,单单采用传统的(HUB)配送,尽管规模效益和竞争优势较强但时效性却较低[18]。因此,文中采用PTP和HUB混合配送方式,实现规模效益和时效性的有效结合。最后,每一代的易逝品都有其各自的独特性和受众范围,企业很难通过历史数据和预测获得完全的需求分布信息,因此,如何充分应用当前所能获得的有效需求信息,针对决策者的风险态度和目的,将模型转化为计算上易处理的优化模型并求解,合理、准确、高效地实现产品生产—分销网络的优化设计是当前所要解决的关键问题。

2.4.2 模型假设及符号

2.4.2.1 模型假设

①产品的初始需求部分已知,每个市场的需求变量相互独立;

②每个市场产品的实际需求与提前期、价格呈现线性关系,均随提前期、价格的增加而减少;

③原料供应商与制造商采取JIT配送策略,制造商未持有原料库存;

④制造商的产能、仓库的储能、固定运输成本已知,不考虑制造商工厂内部运输时间和成本。

2.4.2.2 符号说明

(1)上下标

i 代表产品销售市场,$i \in \{1,2,\cdots,I\}$;

j 代表分销中心,$i \in \{1,2,\cdots,J\}$。

(2)变量参数

pc:产品的市场价格;

x：产品的生产量；

t_i：市场 i 要求的产品交货期；

pt：产品的单位生产时间；

to：订货时间间隔；

$tm(*)$：各设施间的运输时间；

Y_i：工厂是否直接运输至市场 i 的 0-1 变量；

Z_j：工厂是否运输至分销中心 j 的 0-1 变量；

F_{ji}：分销中心 j 是否运输至市场 i 的 0-1 变量；

cvp：单位产品可变生产成本；

cft_i：工厂到市场 i 的固定运输成本；

cvt_i：工厂到市场 i 的单位可变运输成本；

cft_j：工厂到分销中心 j 的固定运输成本；

cvt_j：工厂到分销中心 j 的单位可变运输成本；

cft_{ji}：分销中心 j 到市场 i 的固定运输成本；

cvt_{ji}：分销中心 j 到市场 i 的单位可变运输成本；

$ch(*)$：节点仓库的单位产品存储成本；

$u(*)$：产品在节点仓库的存储量；

cs：单位产品缺货成本；

ζ_i：市场 i 对产品的缺货量；

y_i：工厂至市场 i 的产品运输量；

z_j：工厂至分销中心 j 的产品运输量；

f_{ji}：分销中心 j 至市场 i 的产品运输量；

D_i^0：市场 i 的初始需求量；

D_i：市场 i 的实际需求量；

D_i^{0s}：市场 i 的第 s 个初始需求量；

D_i^s：市场 i 的第 s 个实际需求量；

a：需求的价格弹性系数；

b：需求的响应时间弹性系数；

MP：制造商工厂的最大生产能力；

MW：分销中心的最大存储能力。

2.4.3 模型建立

根据以上分析，建立易逝品生产—分销网络优化模型，目标函数考虑满足一定顾客服务水平下的利润值最大。系统成本主要考虑产品的生产成本、运输成本、存储成本以及缺货损失成本。

$$Max\ T = \sum_{i=1}^{I} pc^* D_i - cvp^* x - \sum_{i=1}^{I}(cft_i Y_i + cvt_i y_i) - \sum_{j=1}^{J}(cft_j z_j + cvt_j z_j)$$
$$- \sum_{j=1}^{J}\sum_{i=1}^{I}(cft_{ji} F_{ji} + cvt_{ji} f_{ji}) - \sum_{j=1}^{J} ch_j u_j - \sum_{i=1}^{I}(cs+pc)\zeta_i$$

(2-50)

s.t.

$$pt^* x + Z_j tm_j + t_i \leqslant to \quad \forall j,i \quad (2\text{-}51)$$

$$F_{ji} tm_{ji} \leqslant t_i \quad \forall j,i \quad (2\text{-}52)$$

$$pt^* x + Y_i tm_i \leqslant to \quad \forall i \quad (2\text{-}53)$$

$$Y_i tm_i \leqslant t_i \ \forall i \quad (2\text{-}54)$$

$$x = \sum_{i=1}^{I} y_i + \sum_{j=1}^{J} z_j \quad (2\text{-}55)$$

$$u_j = z_j - \sum_{i=1}^{I} f_{ji} \quad \forall i \quad (2\text{-}56)$$

$$y_i + \sum_{j=1}^{J} f_{ji} = D_i - \zeta_i \quad \forall i \quad (2\text{-}57)$$

$$D_i = D_i^0 - pc_2 a - bt_i \quad \forall i \quad (2\text{-}58)$$

$$x_2 \leqslant MP \quad (2\text{-}59)$$

$$u_j \leqslant MW \quad \forall j \quad (2\text{-}60)$$

$$x_2, y_i, z_j, f_{ji}, \zeta_i, u_j \geqslant 0 \quad (2\text{-}61)$$

目标式(2-50)表示产品在同一个订货周期内利润值最大,其中考虑了产品在所有消费市场的销售收入、生产成本、所有运输方式的固定和可变运输成本、存储成本及缺货损失;约束式(2-51)表示产品 HUB 配送的响应时间不长于订货时间间隔;公式(2-52)表示分销中心到市场的配送时间不长于交货提前期;公式(2-53)表示 PTP 配送方式的响应时间不长于订货时间间隔;公式(2-54)表示制造商到市场的运输时间不长于交货提前期;公式(2-55)表示制造商的产量与运量守恒;公式(2-56)表示分销中心的仓储出入量守恒;公式(2-57)表示产品的运量和市场需求守恒;公式(2-58)表示产品的实际需求受价格和提前期的影响;公式(2-59)和(2-60)表示生产能力和存储能力的限制;公式(2-61)限定了该模型中各变量均不小于零的条件。

2.4.4 模型转化与求解

由于模型中市场需求 D_i^0 和 D_i 为不确定参数,因此目标函数(2-50)、约束(2-57)和(2-58)实际上是不确定的,无法直接求解。针对不确定参数为非完全分布的情况,一些文献采用区间优化方法求解,即将不确定参数用区间数来表示对模型求解,然而这种方法的缺陷是输出的结果无法得到准确的值,并且不能反映决策者的风险态度或偏好;也有文献采用稳健优化方法对不确定参数进行情景描述以求解随机规划模型,该方法虽然能弥补区间优化的不足,但对情景数据要求高,无法反映风险水平。而 WCVaR 正是这样一种优化方法,该方法通过对不确定参数的尾部风险进行度量,不仅能反映决策者的风险态度或偏好,得出准确的决策值,还可以满足"硬约束",即不确定参数在集合内所有实现均可以满足约束条件,是当前解决不确定条件下易逝品生产—分销网络优化问题较优的方法选择。

2.4.4.1 最坏情景条件风险值 WCVaR

近几年,在金融及投资市场出现了多种风险度量方法:VaR、CVaR、WCVaR 等,用以解决风险约束下的投资策略优化问题。基于 CVaR 的改进,WCVaR 作为较新的金融风险度量方法以优于 VaR、CVaR 的特点相继被广泛运用于金融投资、证券组合、电力分配等领域。风险价值 VaR 是指在给定的期限和置信度 β(通常大于 0.9)下,某资产组合可能遭受的最大损失。通常表示为:

$$VaR_\beta = \min\{\alpha \in R; \varphi(x,\alpha) \gg \beta\} \tag{2-62}$$

CVaR 是指在给定期限和置信度 β(通常大于 0.9)下,某资产组合面临的超过 VaR 的平均损失。通常表示为:

$$CVaR_\beta(x) = (1-\beta)^{-1} \int_{f(x,y) \geq VaR_\beta(x)} f(x,y) p(y) \mathrm{d}y \tag{2-63}$$

公式(2-62)和(2-63)中 $f(x,y): R^n \times R^m \to R$ 为资产组合所面临的损失函数,$x \in X$ 是决策变量,X 是资产组合满足一定条件下的可行集,y 代表风险价值的随机变量,$p(y)$ 是 y 的概率密度函数,对任意 $\alpha \in R, \varphi(x,y) = \int_{f(x,y) \leq \alpha} p(y) \mathrm{d}y$ 为损失函数 $f(x,y)$ 的概率分布函数。

从公式(2-62)可知,由于 CVaR 的定义包含了 VaR 函数,而 VaR 函数确定的解析表达式很难求出,引入函数 $F_\beta(x,\alpha)$ 来计算 CVaR:

$$CVaR_\beta(x) = \min F_\beta(x,\alpha) \tag{2-64}$$

$$F_\beta(x,\alpha) = \alpha + (1-\beta)^{-1} \int_{y \in R_m} [f(x,y) - \alpha]^+ p(y) \mathrm{d}y$$

$$[f(x,y) - \alpha]^+ = \max[0, f(x,y) - \alpha]$$

概率密度函数 $p(y)$ 的解析表达式往往较难获得,可以通过运用蒙特卡罗方法模拟样本数据得知公式(2-64)中的积分估计。设 $y_1, y_2, \cdots y_S$ 为 y 的 S 个样本,则函数 $F_\beta(x,\alpha)$ 的估计值为:

$$\bar{F}_\beta(x,\alpha) = \alpha + \frac{1}{S(1-\beta)} \sum_{s=1}^{S} [f(x,y) - \alpha]^+ \tag{2-65}$$

所以实际计算时往往通过公式(2-65)来确定资产的最优组合系数 x 及相应的 CVaR 与 VaR 的值。然而，运用 CVaR 对投资组合进行优化时，需要得知随机变量 y 的分布，即 y 的密度函数 $p(y)$。由于投资组合的风险受多种不确定因素的影响，不同的因素给投资组合带来不同的风险概率分布，所以 $p(y)$ 无法用一确定的解析式来表示，假设已知 $p(y)$ 属于某一已知域 Θ，即 $p(y) \in \Theta$，此时，Zhu 和 Fukushima 引入 WCVaR 理论，定义为：在 β 给定时，某资产组合在最坏情景下的 CVaR 值[203]，表示为：

$$WCVaR_\beta(x) = \sup_{p(y) \in \Theta} CVaR_\beta(x)$$

WCVaR 作为较新的金融风险度量方法，不仅克服了 VaR 的不足且融合了 CVaR 的所有优点，它能充分测量尾部损失、满足一致性公理、能处理大样本事件，计算操作简单，同时，摒弃了 CVaR 对随机变量满足分布已知的要求。

由公式(2-64)WCVaR 又可表示为：

$$WCVaR_\beta(x) = \sup_{p(y) \in \Theta} \min F_\beta(x,\alpha) \tag{2-66}$$

WCVaR 的求解因公式(2-66)中 Θ 的分布构成不同而不同。Zhu 和 Fukushima 提出了 2 种常见特殊分布下 WCVaR 的求解方法[203]。

(1) 当 Θ 的分布为混合分布，即：

$$\Theta = \{\sum_{i}^{l} p_i(y) \lambda_i : (\lambda_1, \cdots, \lambda_l)^T \in \Omega\} \tag{2-67}$$

其中 $p_i(y)$ 表示 y 的第 i 个概率分布；l 为概率分布个数；λ_i 表示 $p_i(y)$ 发生的可能性；$\Omega \subseteq \{(\lambda_1, \cdots, \lambda_l)^T : \sum_{i=1}^{l} \lambda_i = 1, \lambda_i \geqslant 0, i = 1, \cdots, l\}$，引入辅助变量 $u = (u_1, u_2, \cdots u_l) \in R^m, m = \sum_{i=1}^{l} S^i$，最小化 WCVaR 可转化为如下极小问题，其中 $(x, u, \alpha, \theta) \in R^n \times R^m \times R \times R$：

$$\min \theta$$

$$s.t.$$

$$\alpha + \frac{1}{S^i(1-\beta)} \sum_{s=1}^{s^i} \sum_{i=1}^{l} \lambda_i u_i^s \leqslant \theta$$

$$u_i^s \geqslant f(x, y_i^s) - \alpha,$$

$$u_i^s \geqslant 0, x \in X$$

$$\sum_{i=1}^{l} \lambda_i = 1, \lambda_i \geqslant 0$$

$$i=1,\cdots,l, s=1,\cdots,S^i \tag{2-68}$$

(2)当 Θ 的分布为离散分布时,设随机变量的样本空间为 $PD=\{y^{[1]},y^{[2]},\cdots,y^{[s]}\}$,且 $\Pr\{y^{[k]}\}=\pi^k, \sum_{k=1}^{s}\pi^k=1, \geqslant 0, k=1,\cdots,s$。定义 $\pi=(\pi^1,\pi^2,\cdots,\pi^s)^T, u=(u^{[1]},u^{[2]},\cdots,u^{[s]})$,因此,将离散分布 WCVaR 转化为:

$$\min Z = \theta$$
$$s.t.$$
$$\alpha + \frac{1}{1-\beta}\pi^T u \leqslant \theta$$
$$u^{[k]} \geqslant f(x,y^{[k]}) - \alpha \quad k=1,\cdots,s,$$
$$u^{[k]} \geqslant 0 \quad k=1,\cdots,s. \tag{2-69}$$

本章将探讨 Θ 的分布为混合分布的情况。

2.4.4.2 基于 WCVaR 的模型转化

从某种意义上说,生产—分销网络设计和投资组合优化在很多方面具有共同点。首先,它们的重要目标之一都是降低风险水平,实现一定的增值;其次,它们都有一个组织决策者,前者的组织决策者是核心企业,后者是投资者;再次,研究对象都是时间序列,资产价格的变化是一个时间序列,产品的市场需求也为时间序列;最后,影响增值的因素较多且是随机的,影响投资组合的增值因素主要包括投资者、市场供求、利率等,而影响生产—分销网络的主要有价格、时间、生产商、分销商、市场供求等。因此,认为可以将生产—分销网络优化设计过程与投资组合优化决策过程相提并论,用 WCVaR 来度量生产—分销网络的风险水平,建立以生产—分销网络风险损失最小为目标函数的优化模型,系统损失主要包括产品的收益损失、生产成本、加工成本、运输成本、储存成本以及缺货损失成本。

设 $f(X,D)$ 为产品生产—分销系统的损失函数,其中 $X=(X_1,X_2,\cdots,X_i)$,X_i 是产品分配到第 i 个市场的量,$D=(D_1,D_2,\cdots,D_i)$,D_i 是第 i 个市场的需求量。

$p(D) \in \Theta = \{\sum_{m=1}^{M}p_m(D)\lambda_m : (\lambda_1,\cdots,\lambda_M)^T \in \Omega\}$,其中 $p_m(D)$ 表示 D 的第 m 个概率分布,M 为概率分布个数,λ_m 表示 $p_m(D)$ 发生的可能性,记:

$$\Omega \subseteq \{(\lambda_1,\cdots,\lambda_M)^T : \sum_{m=1}^{M}\lambda_m=1, \lambda_m \geqslant 0, m=1,\cdots,M\} \tag{2-70}$$

因此,产品生产—分销系统的损失函数为:

$$f(X,D) = -\sum_{i=1}^{I} pc*D_i + cvp*x + \sum_{i=1}^{I}(cft_i Y_i + cvt_i y_i)$$

$$+ \sum_{j=1}^{J}(cft_j Z_j + cvt_j z_j) + \sum_{j=1}^{J}\sum_{i=1}^{I}(cft_{ji} F_{ji} + cvt_{ji} f_{ji})$$

$$+ \sum_{j=1}^{J} ch_j u_j + \sum_{i=1}^{I}(cs + pc)\zeta_i \tag{2-71}$$

在此可认为,利润就是损失函数负值的期望,即:

$$R(X) = E[-f(X,D)] \tag{2-72}$$

依据公式(2-67)和(2-68)及公式(2-70)和(2-71)的分析,基于 WCVaR 的易逝品生产—分销网络优化模型如下(其中 $s \in \Lambda = \{1,2,\cdots,S\}$ 代表各分布中的样本数):

$$Min\theta \tag{2-73}$$

s.t.

$$\alpha + \frac{1}{S^m(1-\beta)}\sum_{s=1}^{S^m}\sum_{m=1}^{M}\lambda_m u_m^s \leqslant \theta \tag{2-74}$$

$$u_m^s \geqslant f(y, D_{mi}^s) - \alpha \tag{2-75}$$

$$\sum_{m=1}^{M}\lambda_m = 1, \lambda_m \geqslant 0 \tag{2-76}$$

$$u_m^s \geqslant 0 \tag{2-77}$$

$$m = 1,\cdots,M, s = 1,\cdots,S^m \tag{2-78}$$

目标式(2-73)表示产品生产—分销网络最坏情景条件风险值最小;约束式(2-74)表示生产—分销网络的最坏风险值,公式(2-75)和(2-76)表示 WCVaR 优化模型的条件及变量约束。

同时,约束(2-57)和(2-58)转化为:

$$y_i + \sum_{j=1}^{J} f_{ji} \leqslant \max\{D_i^s\} - \zeta_i \quad \forall\, i \tag{2-79}$$

$$D_{mi}^s = D_{mi}^{0s} - pc_1 a - bt_i \quad \forall\, m,i,s \tag{2-80}$$

此时,模型已被转化为混合整数规划模型,可以通过应用传统的求解非线性规划的方法来求解。

2.4.4.3 模型的求解

混合整数规划通常可采用分枝定界法、割平面法、格朗日算子法等求解。本模型变量多、约束多,约束式中含有响应时间组成及约束,且求解过程需要处理大量样本数据,相比于普通的物流网络设计模型,本模型更复杂,很难利用常见的求解方法得到准确的解。LINGO 软件作为专业的求解最优化模型的软件包以其高效运行、容易操作的特点成为求解组合优化的一款理想的软件,将运用 LINGO 11.0 来对模型编写程序进行求解。

2.4.5 数值仿真

某易逝品制造商针对正在热销产品的生产—分销集成网络进行优化,已知 3 个分销中心和 3 个消费市场,制造商的最高产能为 5000 件;单位生产成本为 430 元/件;生产效率为 0.01 小时/件;分销中心仓库内的最大储能为 100 件;3 个分销中心仓库的单位储存成本为 18,16,10 元;制造商到 3 个市场的固定运输成本均为 50 元,单位可变运输成本分别为 12.5,9.5,10 元;制造商到 3 个分销中心的固定运输成本均为 45 元,单位可变运输成本分别为 3.6,3,4.2 元;制造商到 3 个市场的运时分别为 4,3,6 小时;制造商到分销中心的运时分别为 2.5,4,3.5 小时;各个分销中心到各个市场的固定运输成本均为 15 元;3 个市场的单位缺货损失均为 120 元;各市场交货提前期为 [15,30] 小时,订货周期为 200 小时;产品的价格区间为 [1000,1300] 元;$a=0.01, b=0.1$。其他有关参数如表 2-8 至表 2-10 所示。

表 2-8 分销中心到市场的单位可变运输成本(元/件)

分销中心＼市场	I_1	I_2	I_3
J_1	7	6	6.5
J_2	9	4	5
J_3	5.5	2.5	8

表 2-9 分销中心到市场的运时(小时)

分销中心＼市场	I_1	I_2	I_3
J_1	3	5	4
J_2	2	8	6
J_3	4.5	7.5	3

表 2-10 混合分布下的市场初始需求量(件)

出现概率＼市场	I_1	I_2	I_3
$\lambda_1=0.7$	U(1400,1520)	U(1260,1370)	U(1550,1650)
$\lambda_2=0.3$	U(1300,1350)	U(1160,1210)	U(1450,1500)

2.4.5.1 计算结果

根据以上信息,运用蒙特卡罗方法模拟每个消费市场每种分布的 500 个样本作为历史数据,取 $\beta=0.95$,在 CPU Pentium(R) 为 2.10GHz、内存为 1GB 运行环境下,利用 LINGO 11.0 编程求解,历时 46s 得到生产—分销网络的优化策略如表 2-11 所示。

表 2-11 基于 WCVaR 的易逝品生产—分销网络优化策略

θ	pc	x	t_1	t_2	t_3
-3194035	1300	4167	15	15	15
z_{12}	z_{13}	f_{23}	$f_{31}f_{31}$	f_{32}	Z_2
1533	2634	1533	1389	1245	1
Z_3	F_{23}	F_{31}	F_{32}	α	其余变量
1	1	1	1	-3212911	0

从表 2-11 可知,产品的价格定为区间的上界 1300 元,说明在当前的需求下,单位产品售价上升带来的收益大于其对需求的作用而使需求下降减少的收益。分销中心仅选择 J_2 和 J_3,且配送方式只选择 HUB 集中配送方式。由于单位产品经 J_1 到 I_1、I_2、I_3 的最小可变运输成本为 9.6 元,而经 J_2 和 J_3 到市场的分别为 8 元和 6 元,在固定运输成本相同的情况下,产品经 J_1 到市场的最小运输成本最高,因此不选择 J_1。由于制造商离市场较远,尽管长途直配可以降低固定运输成本且缩短运送时间,但其单位产品的运输成本比 HUB 配送高很多,在当前产量及运量较大的情况下,采用 PTP 直配运输成本会直线上升,而采用 HUB 配送方式可以提前将产品运至分销中心,不仅缩短了响应时间还利用了运输仓储的规模优势降低物流成本,这与现实相符。从产品物流量的分配可以看出,尽管从制造商到 J_3 的单位运输成本高于 J_2,但运往 J_3 的量远远超过 J_2 的量,主要原因是产品从 J_2 运往 I_1 和 I_2 的成本比 J_3 高,且 J_3 运往 I_3 的成本远高于 J_2,因此,选择 J_2 负责市场 I_3 的配送,市场 I_1 和 I_2 的需求量由 J_3 负责。另外,考虑到易逝品的高价值带来的高储存成本现象,优化结果实现了产品在每个分销中心的零库存以及在每个市场的零缺货量。因此,模型是从整个产销网络运输成本及存储成本最优来安排运输路线的选择和物流量的分配。可见,当需求变量为混合分布时,WCVaR 优化模型可以较好地解决生产—分销网络的不确定优化问题。

2.4.5.2 方法及模型验证

为了验证 WCVaR 优化方法的有效性,引用文献[14]提出的稳健优化方法对模型进行转化求解,并在决策者的风险态度为风险中性时与 WCVaR 优化方法进行对比分析,即令稳健优化模型中的 $\lambda=0, \omega=1$,WCVaR 优化模型中的 $\beta=0$。分别在 CPU Pentium(R) 为 2.10GHz、内存为 1GB 运行环境下,利用 LINGO 11.0 编程求解,得到两种不确定性优化方法的生产—分销网络优化策略,如表 2-12 所示。

表 2-12 两种不确定性优化方法优化策略对比

决策变量	目标值	pc	x	t_1	t_2	t_3
稳健优化	3627605	1300	4211	15	15	15
WCVaR	−3585606	1300	4167	15	15	15
决策变量	z_{12}	z_{13}	f_{23}	f_{31}	f_{32}	Z_2
稳健优化	1546	2665	1546	1405	1260	1
WCVaR	1526	2637	1526	1390	1247	1
决策变量	Z_3	F_{23}	F_{31}	F_{32}	α	其余变量
稳健优化	1	1	1	1		0
WCVaR					−3934411	0

由表 2-12 可知,基于 WCVaR 的生产—分销网络优化结果与稳健优化策略在产品定价、订货提前期、库存设置、分销中心和运输路径的选择方面完全一致;产品的生产规模、物流量分配等的差异是由于市场初始需求描述的方式不同、需求数据的差异等方面的影响。当决策者面对波动更大的市场需求,其风险态度为风险中性时,与稳健优化方法相比,WCVaR 优化方法的条件风险值达到 −3934411,最坏情景条件风险值为 −3585606,与稳健优化的利润值相差 1.15%。可见,WCVaR 优化方法是基于充分考虑生产—分销网络风险并保证供应链鲁棒性运作而得出的最保守且有效的优化策略。

为了测试 WCVaR 优化模型及算法的稳定性,分别对 WCVaR 优化模型和稳健优化模型中的风险偏好值在原值的基础上以 5% 的比例进行变化,观察目标函数值的波动情况,具体数据如表 2-13 所示。表中 $W_1=\dfrac{T-ST}{ST}, R_1=\dfrac{\theta-S\theta}{S\theta}, ST$ 和 $S\theta$ 分别为求解 T 和 θ 过程中出现过的最小目标值;$W_2=\dfrac{T-LT}{LT}, R_2=\dfrac{\theta-L\theta}{L\theta}, LT$ 和 $L\theta$ 分别为求解 T 和 θ 过程中出现过的最大目标值。

表 2-13　两种优化方法对风险态度的稳定性对比

风险偏好变化率	稳健优化利润值	WCVaR风险值	W_1（%）	R_1（%）	W_2（%）	R_2（%）
5%	3213894	−3158571	0	2.25	−2.82	0
0	3232546	−3194035	0.58	1.16	−2.26	−1.12
−5%	3251203	−3206491	1.16	0.77	−1.69	−1.52
−10%	3269861	−3216152	1.74	0.47	−1.13	−1.82
−15%	3288520	−3223848	2.32	0.23	−0.56	−2.07
−20%	3307174	−3231363	2.90	0	0	−2.30

由表 2-13 数据可知,在给定的风险偏好变化范围内,稳健优化方法所得到的最优解的目标函数值与下限的偏差在 2.9% 之内,与上限的偏差值在 2.82% 之内;而在同样的风险偏好变化范围内,WCVaR 优化模型得到的最优解的目标值与上、下限的偏差均在 2.3% 之内,这显示出了 WCVaR 优化模型对风险偏好具有比稳健优化更好的稳定性。不难验证,模型对于其他的参数同样具有较好的稳定性。

通过对以上两种不确定性优化方法的对比,可知 WCVaR 方法提供了需求部分概率分布下的最优生产—分销网络优化策略且具有较强的合理性和适用性。同时,WCVaR 方法的优化解具有较强的鲁棒性,与稳健优化相比,不仅能处理更具波动的不确定度量风险,而且模型本身具有更优的稳定性,能更真实地反映易逝品生产—分销网络风险管理的本质。

2.4.5.3　灵敏度分析

为了方便决策者确定适合其公司的恰当的生产—分销网络优化策略,有必要对模型中的某些参数进行灵敏度分析。

WCVaR 优化模型中的置信水平 β 和随机变量的分布比重 λ 是影响 WCVaR 风险值的重要因素,图 2-3 是表示 β 的变化率与 WCVaR 风险值之间的关系图,其中置信水平 β 以 95% 为基准值,按 5% 进行变化。同时,分别选取了不同的 (λ_1, λ_2) 组合,分别观察其在不同置信水平下与 WCVaR 风险值之间的关系。

置信水平 β 反映了生产—分销网络决策者的风险偏好程度,由图 2-3 可知,在相同的 (λ_1, λ_2) 组合下,β 越大,代表决策者的风险偏好程度越高,此时企业会通过缩短加工时间、生产更多的产品、选择更廉价的运输工具等降低运作成本,提高收益,这会增加产品在质量、运输等方面的风险且可能造成产品积压,从而引起生产—分销网络风险值增大。随着 β 的减小,决策者的风险偏好降低,其趋向采用保守的运作策略,加大生产投入,维持较高的产品质量,使风险减小。当置信水平 β 一定时,随着概率分布比重 λ_i 的减小,产品的市场需求平均水平下降,为了实现供需平衡,产量及各节点的分配量相应减小,使整个生产—分销网络面临较少的损失,WCVaR 风险值减小。可见,WCVaR 优化方法适用于具有风险偏好特性的生产—分销网络优化设计,当用混合分布来描述市场需求的不确定性时,该方法能够有效地求得满足一定风险水平和服务水平下的最佳优化策略。

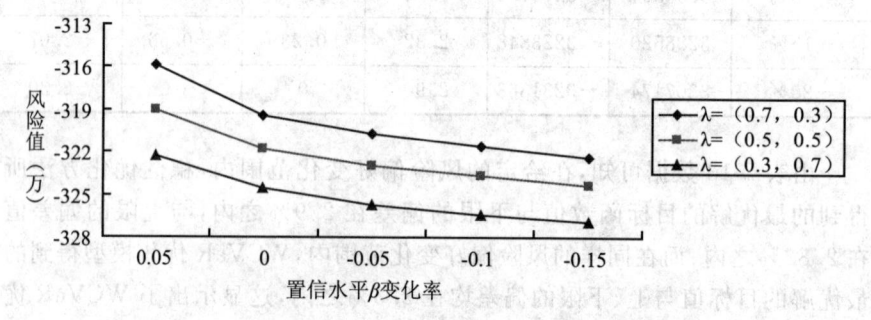

图 2-3 置信水平 β 变化率与 WCVaR 风险值的关系图

另外,在 WCVaR 优化模型中,当置信水平 β 取不同值时,生产—分销网络优化决策值并未改变,这是由于本算例没有针对不同的需求市场进行细分,而对所有市场的产品进行了统一定价的缘故。

2.5 小结

针对易逝性电子产品可供采用的四种不同生产—分销策略,对带时间约束的生产—运输问题进行协同优化,在充分考虑产品生产成本、运输成本、缺货成本、存储成本等条件的基础上,分别建立以盈利最大化为优化目标的混合整数优化模型,以触摸屏生产商生产—分销模式选择为例,通过对四种策略求解结果比较分析,得出最佳生产—分销策略。

针对多种不完全需求分布信息下的网络优化问题,模型扩展部分尝试引入 WCVaR 度量易逝品的生产—分销网络风险,建立满足一定服务水平下生产—分销网络风险值最小的优化模型,求得最坏情景下的最优策略。从仿真结果可知,易逝品的生产—分销网络优化策略如下:在定价上,由于当前市场竞争者多,产品需求量较大,应采用低价策略并以最高价格水平稳住市场,增加销售额;在生产数量上,应充分利用所能获得的需求信息并考虑价格、时间、竞争等因素对需求产生的影响,结合供需平衡原则合理安排

第2章 单一创新产品供应链网络协同优化

生产计划;对于配送方式和分销中心的选择问题,产品均遵循满足一定响应时间内的成本最优原则,争取最大限度地降低运输及运营成本;在物流量的分配上,重视产品间整合运输带来的规模效益,实现物流成本及管理成本的最小化。因此,在当前竞争日益激烈的市场,有效且合理的生产—分销策略能为决策的制定提供有力的指导,正确的决策不仅能有效权衡各项成本、合理安排产品的流量分配,最大限度地降低供应链网络风险,赢得更多的利润,也激励着各项策略的不断优化与完善,指引着企业在激烈的竞争中脱颖而出。该模型为单周期阶段的优化模型,在实际运用中,可以根据需要考虑多阶段、更多层级结构、灵活设定订货周期数、考虑更多的不确定因素等来拓展模型,使之发挥更大的实用价值。

第 3 章 单向替代模式下创新产品供应链网络协同优化

3.1 引言

本章以传统汽车与新能源汽车共存为例研究单向替代模式下创新产品的生产—分销网络协同优化。

在能源和环境的双重约束下,发展纯电动汽车是降低汽车排放污染促进可持续发展的需要,同时也是提高我国汽车工业竞争力、实现"跨越式"发展的需要。纯电动汽车的出现是以替代传统汽车为目的的,因此,在传统汽车退出市场前将始终扮演替代品的角色。然而,从现阶段纯电动汽车技术水平及其配套设施发展程度来看,纯电动汽车替代传统汽车将是一个长期过程,也就是说在很长的一段时间内,纯电动汽车将和传统汽车共存。

许多学者围绕着共存环境下产品间的替代性展开了研究。孙玉玲将贴现率引入新、老两代产品的生产规模优化模型,通过数值分析得出产品的需求密度和贴现率对最优生产规模的影响[204]。官振中研究了随机需求环境下完全向下替代的两代易逝产品的订货策略[205]。Pasternack 和 Drezner 则针对随机需求和"向上"、"向下"两类替代给出了最优存量控制策略[206]。Bassok 等提出了多代产品需求替代情况下的库存模型[207]。高峻峻和俞莱若针对替代性需求下一类产品的品种选择与库存控制的联合决策问题进行了研究[208]。关志民、吕芹等研究多种产品之间具有替代需求条件下的分销系统存货问题[209]。罗利、俞言兵等则提出了易逝性创新产品更新换代期内具有替代性产品的定价策略[210]。不同于以上文献中对一般共存环境下替代性产品的研究,纯电动汽车与传统汽车的共存不仅要从价格及技术水平的角度来考虑消费者对汽车类型的选择,还要考虑其他因素,如配套设施完善程度等对产品间替代性产生的影响;另外,上述文献主要针对替代性产品的生产、库存、定价等某一环节进行了单方位的探讨而缺乏产供销全过程整体优化研究。

针对共存环境下汽车类型选择的特征以及现有文献的不足,本章将纯电动汽车购买初始意愿系数引入需求函数,对共存环境下汽车类型选择与生产—分销联合优化进行研究。纯电动汽车购买初始意愿系数综合评价价格、技术水平以及配套设施完善程度对选择纯电动汽车的影响,在假设消费者对传统汽车的估价服从均匀分布的条件下,由消费者剩余确定纯电动汽车和传统汽车的需求函数;然后,在生产能力有限的前提下,以生产能力、流量均衡、存储空间、运输能力为约束条件,以总利润最大化为目标函数,构建了一个非线性整数规划联合优化模型,并给出模型求解的混合智能算法;最后通过算例说明了模型的可行性和算法的有效性。

3.2 单一模式替代性产品模型

3.2.1 问题描述

纯电动汽车对传统汽车的替代是一个长期、逐步的过程。通常对消费者而言,如果在此阶段购买了传统汽车,则在很长一段时间内不会购买纯电动汽车;对汽车生产商而言,当只有传统汽车在市场上销售时,生产商只需根据传统汽车的需求预测就可以作出生产—分销决策,而在纯电动汽车与传统汽车共存的情况下,由于纯电动汽车的技术水平、国家补贴政策、配套设施完善程度以及价格间的相互影响增加了需求的不确定性;同时,由于生产能力的有限性就更增加了生产商的决策难度。如何在现有情况下同时确定两类汽车的销售价格、生产规模、分销数量实现利润最大化是企业面临重要决策问题。

3.2.2 模型假设及符号

3.2.2.1 模型假设

①同一品牌内性能相近的纯电动汽车与传统汽车作为整体进行考虑,将市场上仅存在该传统汽车时的最大需求视为整体最大需求;

②各市场同类型汽车销售价格相同,消费者购买意愿及配套设施完善程度因地而异;

③消费者购买纯电动汽车初始意愿与估价成反比,与配套设施完善程度成正比;

④由消费者剩余最终决定消费者对汽车类型的选择;

⑤各市场汽车需求量 Y_i 为随机变量,Y_i 服从正态分布,其均值和方差可估计,需求均值和标准差分别为 μ_i 和 σ_i。

3.2.2.2 符号说明

(1) 上下标

i 表示汽车销售市场，$i \in \{1,2,\cdots I\}$；

j 表示分销中心，$j \in \{1,2\cdots J\}$；

k 表示汽车种类，1 表示传统汽车，2 表示纯电动汽车。

(2) 能力参数

CP 表示工厂最大生产能力；

CD_j 表示分销中心的服务能力。

(3) 费用参数

cfp_k 表示汽车 k 固定生产成本；

cvp_k 表示汽车 k 单位可变生产成本；

cvt_{kj} 表示单位汽车 k 由工厂运输到分销中心 j 可变成本；

cvt_{kji} 表示单位汽车 k 经分销中心 j 运输到市场 i 可变成本；

cfs_j 表示分销中心 j 固定运行成本；

cvs_j 表示分销中心 j 单位汽车可变运行成本；

ch_{kj} 表示分销中心 j 单位汽车 k 存储成本；

ch'_{ki} 表示市场 i 单位汽车 k 存储成本；

cs'_{ki} 表示市场 i 单位汽车 k 缺货成本。

(4) 其他参数

Y_i 表示市场 i 汽车需求量；

p_k 表示消费者对汽车估价；

a_k 表示工厂生产单位汽车 k 所消耗的生产能力；

α_k 表示工厂生产汽车 k 所占用的生产能力百分比；

TSL_{ik} 表示市场 i 汽车 k 目标服务水平。

(5) 决策变量

x_k 表示汽车 k 产量；

p'_1 表示汽车的实际销售价格；

ζ_{jk} 表示分销中心 j 汽车 k 存量；

z_{kj} 表示汽车 k 由工厂到分销中心 j 运输量；

f_{kji} 表示汽车 k 经分销中心 j 到市场 i 运输量；

X_k 表示汽车 k 是否进行生产的 0-1 变量；

U_j 表示分销中心 j 是否使用的 0-1 变量。

3.2.3 数学模型

3.2.3.1 购买初始意愿系数描述

根据安永全球汽车行业中心对我国汽车消费的调查结果显示,价格、配套设施完善程度和技术水平是我国消费者在选购纯电动汽车时犹豫不决的主要因素。引入纯电动汽车购买初始意愿系数 λ。λ 表示消费者在一定的配套设施完善程度下,以性能相近的传统、纯电动汽车为对象,以传统汽车估价为参照对纯电动汽车估价后的购买意愿。由假设③知:

$$\lambda = \frac{p_1}{p_2}\gamma \tag{3-1}$$

γ 表示纯电动汽车配套设施完善系数,$\gamma \in (0,1)$;p_1 表示消费者对传统汽车估价;p_2 表示消费者对纯电动汽车估价,$p_2 \geqslant p_1$。

3.2.3.2 市场需求描述

由假设条件①,某型号传统汽车市场最大需求量为 A;消费者对传统汽车的估价服从 $[0,b]$ 的均匀分布,其密度函数为:

$$f(x) = \begin{cases} \dfrac{1}{b}, x \in [0,b] \\ 0, \ x \notin [0,b] \end{cases} \tag{3-2}$$

传统汽车与纯电动汽车的实际销售价格分别为 p_1'、p_2',且 $p_2' > p_1'$;消费者购买传统汽车和纯电动汽车的消费者剩余分别为 Δp_1、Δp_2,则

$$\Delta p_1 = p_1 - p_1' \tag{3-3}$$

$$\Delta p_2 = p_2 - p_2' \tag{3-4}$$

由假设④可知,当满足条件 $\Delta p_1 \geqslant 0$,且 $\Delta p_1 \geqslant \Delta p_2$ 时,消费者购买传统汽车;当满足条件 $\Delta p_2 \geqslant 0$,且 $\Delta p_2 \geqslant \Delta p_1$ 时,消费者购买纯电动汽车。

根据假设条件④,由上述公式联合推导(过程见附录)可得,当且仅当 $\dfrac{p_1'}{p_2'} < \dfrac{\lambda}{\gamma} < \dfrac{b}{p_2' - p_1' + b}$ 时,消费者对传统汽车和纯电动汽车均有需求,此时消费者购买传统汽车的数量为:

$$y_1 = A\int_{p_1'}^{\frac{p_2'-p_1'}{\frac{\lambda}{\gamma}-1}} f(x)\mathrm{d}x = \frac{A}{b}\left[\frac{p_2' - p_1'}{\frac{\gamma}{\lambda}-1} - p_1'\right] \tag{3-5}$$

消费者购买纯电动汽车的数量为:

$$y_2 = A\int_{\frac{p_2'-p_1'}{\frac{\lambda}{\gamma}-1}}^{b} f(x)\mathrm{d}x = \frac{A}{b}\left[b - \frac{p_2'-p_1'}{\frac{\gamma}{\lambda}-1}\right] \tag{3-6}$$

由公式(3-5)、(3-6)可以看出实际售价、配套设施完善系数、购买初始

意愿系数对纯电动汽车及传统汽车需求数量的影响。纯电动汽车及传统汽车需求数量分别随自身售价的增加而减少，随对方实际售价的增加而增加；随着配套设施完善系数的增加分别增加、减少，而随购买初始意愿系数的增加而分别减少和增加，这主要是由于消费者剩余最终决定着汽车类型的选择，结合公式(3-1)，纯电动汽车消费者剩余随配套设施完善系数增加而增加，随购买初始意愿系数增加而减少，传统汽车消费者剩余则相反。

3.2.3.3 利润函数

由假设(5)可知，市场 i 汽车需求 Y_i 服从正态分布，概率密度函数为 $f(y)$，其均值和标准差分别为 μ_i 和 σ_i，因此，市场 i 对传统汽车、纯电动汽车的需求量也服从正态分布。其中，

传统汽车的均值和方差分别为：

$$\mu_{i1} = \frac{\mu_i}{b_i}\left[\frac{p'_2 - p'_1}{\frac{\gamma_i}{\lambda_i} - 1} - p'_1\right], \sigma_{i1}^2 = \frac{\sigma_i^2}{b_i^2}\left[\frac{p'_2 - p'_1}{\frac{\gamma_i}{\lambda_i} - 1} - p'_1\right]^2 \quad (3-7)$$

纯电动汽车的均值和方差分别为：

$$\mu_{i2} = \frac{\mu_i}{b_i}\left[b_i - \frac{p'_2 - p'_1}{\frac{\gamma_i}{\lambda_i} - 1}\right], \sigma_{i2}^2 = \frac{\sigma_i^2}{b_i^2}\left[b_i - \frac{p'_2 - p'_1}{\frac{\gamma_i}{\lambda_i} - 1}\right]^2 \quad (3-8)$$

由于市场需求的随机波动性造成实际当中往往会出现最终汽车的供应超过或低于市场需求的情况。无论哪种情况，都将给汽车企业造成一定的损失。

当汽车供应超过需求时就会产生库存积压，库存成本 CH 表示为：

$$CH = \sum_{i=1}^{I}\sum_{k=1}^{2} ch'_{ki} \max\left[\sum_{j=1}^{J} f_{ijk} - y_{ik}, 0\right] \quad (3-9)$$

当汽车供应不足时会因缺货造成收益损失，缺货损失成本 CS 表示为：

$$CS = \sum_{i=1}^{I}\sum_{k=1}^{2} cs'_{ki} \max\left[y_{ik} - \sum_{j=1}^{J} f_{ijk}, 0\right] \quad (3-10)$$

预期服务水平 ESL_{ik} 做如下定义：

$$ESL_{ik} = 1 - \frac{\max\left[\sum_{j=1}^{J} f_{ijk} - y_{ik}, 0\right]}{Y_{ik}} \quad (3-11)$$

为此，在设目标函数主要考虑产品的价格、生产成本、运输成本、缺货损失、存储成本。

$$Max\ EF = \sum_{i=1}^{I}\sum_{k=1}^{2} p'_k y_{ik} - \sum_{i=1}^{I}\sum_{k=1}^{2} p'_k \max\left[y_{ik} - \sum_{j=1}^{J} f_{ijk}, 0\right]$$
$$- \sum_{k=1}^{2}(cfp_k X_k + cvp_k x_k) - \sum_{j=1}^{J}\sum_{k=1}^{2} cvt_{kj} z_{kj}$$

$$-\sum_{j=1}^{J}\left[cfs_jU_j+\sum_{k=1}^{2}(cvs_jz_{kj}+ch_{kj}\zeta_{kj})\right]$$

$$-\sum_{j=1}^{J}\sum_{i=1}^{I}\sum_{k=1}^{2}cvt_{kji}f_{kji}-CH-CS$$

(3-12)

3.2.3.4 联合优化模型的建立

共存环境下的汽车类型选择与生产—分销联合优化模型目标函数是在满足一定客户服务水平的条件下盈利最大,由此建立联合优化模型

$$Max\ EF=\sum_{i=1}^{I}\sum_{k=1}^{2}p'_k y_{ik}-\sum_{i=1}^{I}\sum_{k=1}^{2}p'_k ES_{ik}-\sum_{k=1}^{2}(cfp_k X_k+cvp_k x_k)$$

$$-\sum_{j=1}^{J}\sum_{k=1}^{2}cvt_{kj}z_{kj}-\sum_{j=1}^{J}\left[cfs_jU_j+\sum_{k=1}^{2}(cvs_jz_{kj}+ch_{kj}\zeta_{kj})\right]$$

$$-\sum_{j=1}^{J}\sum_{i=1}^{I}\sum_{k=1}^{2}cvt_{kji}f_{kji}-\sum_{i=1}^{I}\sum_{k=1}^{2}ch'_{ki}ES_{ik}-\sum_{i=1}^{I}\sum_{k=1}^{2}cs'_{ki}EI_{ik}$$

(3-13)

约束条件包括:生产能力约束

$$a_k x_k \leqslant \alpha_k X_k CP \quad \forall k \tag{3-14}$$

存储能力约束

$$\sum_{k=1}^{2} z_{kj} \leqslant U_j CD_j \quad \forall j \tag{3-15}$$

服务水平约束

$$ESL_{ik} \geqslant TSL_{ik} \quad \forall i,k \tag{3-16}$$

流量守恒约束

$$\sum_{j=1}^{J} z_{kj} = x_k \quad \forall k \tag{3-17}$$

$$\sum_{i=1}^{I} f_{ijk} = z_{jk} - \zeta_{jk} \quad \forall k,j \tag{3-18}$$

$$\sum_{j=1}^{J} f_{ijk} = y_{ik} + EI_{ik} - ES_{ik} \quad \forall k,i \tag{3-19}$$

各个变量的取值范围

$$x_k, z_{jk}, f_{ijk}, u_{jk} \geqslant 0 \quad \forall i,j,k \tag{3-20}$$

EI_{ik} 表示预期市场 i 汽车 k 缺货量,$EI_{ik}=\max[y_{ik}-\sum_{j=1}^{J}f_{ijk},0]$;

ES_{ik} 表示预期市场 i 汽车 k 库存量,$ES_{ik}=\max[\sum_{j=1}^{J}f_{ijk}-y_{ik},0]$。

3.2.4 模型求解

PSO 算法最早在 1995 年由 James Kennedy 和 Russell Eberhart 提出[211],其基本思想是基于对鸟类群体觅食行为的研究。Shi.Y 最先将惯性权重 w 引入到 PSO 算法中[212],采用带有惯性权重的粒子群优化算法对模型进行求解。首先通过 Matlab 的随机函数 rand 初始化粒子群;然后以目标函数值为适应值,计算每个粒子的适应值。将种群的初始位置作为历史最优位置,将适应值作为历史最优值,并通过比较求出全局最优位置和全局最优值。通过以下两个公式更新粒子的位置和速度:

$$V_i^{(k+1)} = wV_i^{(k)} + c_1 r_{i1}(P_i^{(k)} - X_i^{(k)}) + c_2 r_{i2}(P_g^{(k)} - X_i^{(k)}),$$
$$i = 1, 2, \cdots, Popsize; \tag{3-21}$$
$$X_i^{(k+1)} = X_i^{(k)} + V_i^{(k+1)} \tag{3-22}$$

式中:c_1 表示粒子自身加速度权重系数;c_2 为全局加速度权重系数;r_{i1},r_{i2} 为 0~1 范围内两个相互独立且均匀分布的随机数;$P_i^{(k)}$,$P_g^{(k)}$ 分别为第 k 代的历史最优位置和全局最优位置;w 为惯性权重,为了保证搜索过程中的全局搜索能力和局部搜索能力的平衡,将惯性权重 w 设计为迭代次数的函数,且随迭代次数线性减少,其计算公式为 $w^k = w_{\max} - \dfrac{k(w_{\max} - w_{\min})}{k_{\max}}$,式中 $w_{\max}$,$w_{\min}$ 分别为初始、终止惯性权重,$k_{\max}$ 为最大迭代代数。

粒子的位置和速度更新后,计算其新的适应值即目标函数值;然后以目标函数值最大为目标,对个体历史最优位置、个体历史最优极值、全局最优位置和全局最优极值进行更新。在计算个体适应值时调用计算目标函数值的 M 文件,此时约束条件是否满足将在 M 文件中判断,只有当所有约束条件都满足时计算其目标函数值,否则以原值返回。通过位置和速度的不断迭代和自身群体历史最优值与全局最优值比较更新,可确定目标函数在满足约束条件下的最大值。

3.3 数值仿真

某国产品牌汽车生产商计划对性能相近的纯电动汽车和传统汽车进行生产、销售。已知有 1 个生产工厂,3 个分销中心、6 个消费市场。工厂纯电动汽车固定生产成本为 1200 万元,单位可变生产成本为 9 万元/辆,工厂传统汽车固定生产成本为 800 万元,单位产品可变生产成本为 5 万元/辆,生产单位纯电动汽车消耗的能力资源为 0.3 小时/辆,生产单位传统汽车消耗的能力资源为 0.2 小时/辆;3 个备选分销中心,固定运营成本分别为 50

第3章 单向替代模式下创新产品供应链网络协同优化

万、40万和30万元,单位可变运行成本分别为0.2,0.4和0.3万元/辆,单位存储成本均为0.5万元,存储能力分别为1200、1000和900辆;市场纯电动汽车目标服务水平为0.92,传统汽车目标服务水平为0.9;纯电动汽车销售价格区间为[12,20]万元,传统汽车销售价格区间为[9,15]万元;订货周期内工厂最大有效生产时间为720小时;其他数据见表3-1~表3-5。

表3-1 各个市场 I 汽车初始需求量(辆)

需求量	市场1	市场2	市场3	市场4	市场5	市场6
需求	$N(300,30^2)$	$N(400,45^2)$	$N(250,30^2)$	$N(200,35^2)$	$N(300,50^2)$	$N(350,60^2)$

表3-2 各市场纯电动汽车购买初始意愿系数 λ、配套设施完善系数 γ

系数	市场1	市场2	市场3	市场4	市场5	市场6
λ	0.43	0.36	0.25	0.18	0.52	0.62
γ	0.5	0.42	0.29	0.21	0.61	0.72

表3-3 各个市场 i 单位汽车 k 缺货损失 cs'_{ki}、存储成本 ch'_{ki}(万元)

系数		市场1	市场2	市场3	市场4	市场5	市场6
cs'_{ki}	$k=1$	1.0	0.92	0.9	0.95	1.02	0.96
	$k=2$	1.4	1.25	1.3	1.2	1.35	1.25
ch'_{ki}	$k=1$	0.8	0.75	0.92	0.90	0.85	0.87
	$k=2$	0.8	0.75	0.92	0.90	0.85	0.87

表3-4 由工厂到分销中心 j 单位可变运输成本 cvt_{kj}(万元)

分销中心1	分销中心2	分销中心3
0.5	0.3	0.2

表3-5 由分销中心 j 到市场 i 单位可变运输成本 cvt_{kji}(万元)

分销中心	市场1	市场2	市场3	市场4	市场5	市场6
中心1	0.4	0.25	0.36	0.18	0.3	0.4
中心2	0.25	0.6	0.45	0.3	0.15	0.32
中心3	0.4	0.18	0.27	0.3	0.4	0.5

设置种群规模为 50,最大迭代次数 $k_{max}=500$,粒子自身加速度权重系数 $c_1=1.8$,全局加速度权重系数 $c_2=1.8$。初始惯性权重 $w_{max}=1.2$,终止惯性权重 $w_{min}=0.4$。根据上述设计的算法,通过 MATLAB M 语言编程计算,在 CPU Celeron(R) 2.40GHz,内存 1 GB 的 PC 上耗时 688s 完成,得出联合优化模型目标函数值 $F^*=4770.29$ 万元。

3.4 小结

面对全球范围日益严峻的能源形势和环保压力,世界主要汽车生产国都把发展新能源汽车作为提高产业竞争力、保持经济社会可持续发展的重大战略举措。在纯电动汽车技术上,我国的自主品牌企业与国外企业基本上处于同一起跑线,然而,面对世界各国争先发展的纯电动汽车产业,我国企业如何在激烈竞争环境中保持优势地位成为重要的研究课题。针对纯电动汽车与传统汽车长期共存,研究了基于替代性需求下汽车类型选择与生产—分销联合优化问题,综合考虑了影响消费者购买纯电动汽车的因素,如纯电动汽车技术水平、配套设施完善程度等,这些因素的引入加强来了模型的实用性;通过对构建的非线性整数规划联合优化模型进行求解可以确定两类汽车类型的销售价格、生产规模、分销数量。该研究工作为解决汽车生产企业纯电动汽车与传统汽车结构组成提供了有效的研究方法;同时,设计合理的生产—分销网络可以在努力提高汽车供给水平的情况下合理安排产能、减少库存,进而降低成本,增强汽车生产企业市场竞争力。

第4章 创新产品生命周期阶段响应时间模型

4.1 引言

随着科学技术的进步和人们需求层次的提高,产品的规格和品种越来越多,产品的生命周期越来越短,人们对产品质量和服务的要求越来越高,加之全球化过程的加快和企业竞争日趋激烈,这一系列变化使企业面临的市场不确定性越来越大。

企业竞争和经营环境的变化,使竞争模式从依靠产品价格,向依靠质量、品种和服务转移,最终转移到基于时间的竞争。大量文献以单个企业角度对市场响应时间问题进行了研究[213~216]。

花雪兰、徐学军回顾了供应链类型以及影响供应链类型选择的需求变量,提出产品生命周期内的供应链匹配关系,对生命周期不同阶段供应链的转换进行了定性探讨,但没有从定量的角度分析各种模式下的供应链响应时间[217]。

付秋芳、马士华从顾客定制角度对不同订单定制类型下的供应链响应时间模型进行了研究[218],但文献没有将各种定制类型做综合分析,也就是说没有考虑各种定制类型响应时间的相互关联性。

现有文献很少从生命周期阶段性的角度来研究创新产品供应链响应时间。随着创新产品生命周期阶段性的快速改变,产品需求特征会发生很大的改变,市场赢得要素也会动态变化。供应链模式应与顾客需求相匹配,因此没有一种单一的供应链模式能适合产品的整个生命周期,必定是多种模式的组合。在上述相关文献研究的基础上,本书试将匹配的思想运用到供应链模式选择中,在定性分析了生命周期的阶段性与供应链模式的关系的基础上将响应时间在生命周期各个阶段的特征定量化。

4.2 创新产品分析

4.2.1 创新产品定义

本书对所研究的创新产品做如下定义:产品以不间断得更新换代、易逝性以及需求波动性为主要特征,随着产品硬件不断更新,样式不断发展,新产品的推出使得老产品被替代并且价值迅速无形贬值,并且这种变化和替代具有不可逆性。

4.2.2 创新产品特征

与传统劳动密集产品相比,由于技术密集型与开发密集型产品,以及制造工艺所占比例迅速增加,使得创新产品淘汰速度加快,更新换代频繁。创新产品更新换代的时间间隔变得越来越短[219],这种"由于产品更新加速而导致产品生命周期缩短,价值迅速衰减"的性质被称为易逝性[220]。随着新产品的进入,老产品的市场需求、市场价格都呈现出快速递减的趋势。这种创新产品在生命周期中自身价值的易逝现象,对产品的生产、采购管理提出了更高的要求,给产品的决策带来了新的挑战。

通过与传统产品的对比分析,本书研究的创新产品其特征如下:

(1)产品生命周期相对较短

一般来说,产品的生命周期就是产品从进入市场到退出市场所经历的市场生命循环过程,进入和退出市场标志着周期的开始和结束。典型的产品生命周期一般可以分为四个阶段:引入期、成长期、成熟期和衰退期[221]。在产品引入期,产品进入市场,销售量增长缓慢。进入产品的成长期后,该产品的销售量或销售额迅速攀升。一旦产品的销售量增长重新趋缓,该种产品即进入其成熟期,直至其销售达到最高点。随后,在该种产品的衰退期内,其销售量或销售额趋于下降,其下降速度逐渐加快,直至最终完全退出市场,完成其生命周期全过程。

创新产品与传统产品之间产品周期曲线不同。传统产品的生命周期曲线呈正态分布,而创新产品的生命周期呈 S 形分布,如图 4-1 所示。创新产品进入市场后,通常有一个很短暂的引入期,很快就进入成长期,需求量增长迅速,随后逐渐进入成熟期,由于层出不穷的新产品的冲击,顾客不断转移和减少,现有创新产品在极短时间被市场淘汰,在产品生命周期图上显示出无明显衰退期。

创新产品一旦超过了产品的销售生命周期,虽然产品的物理性质没有

第4章 创新产品生命周期阶段响应时间模型

发生任何变化,但产品其本身所承载的时尚型以及实用性就大幅减少而产生了无形性变质,因此导致了产品价格的大大降低甚至完全丧失,比如手机、电脑、数码相机等创新产品。

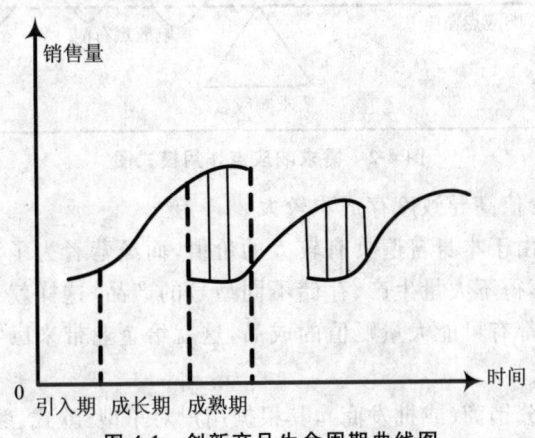

图 4-1 创新产品生命周期曲线图

(2)需求波动大

受时间、价格、竞争激烈程度等因素的影响,创新产品需求往往呈现较大幅度的波动性。需求波动性特征会随着产品生命周期的阶段性发生变化。产品引入期:新产品上市往往销售量较小,产品技术、性能需要进一步完善以适应市场,在这种情况下,竞争者为数甚少,而生产企业也只生产新产品的基本类型;产品成长期:新产品如果能令市场满意,很快进入成长期,在此阶段销售量迅速攀升。在利润的吸引下新产品的竞争对手会进入市场,而市场竞争的激烈程度更增加了产品需求的波动性,如随着三星、LG、索尼爱立信加入手机市场,诺基亚的市场份额就不断减少,产品市场需求受到严重影响。在此阶段,企业往往会通过改善产品质量、增加产品特色及样式、适当降价等方式来提高销量;当产品销售达到某一点后就会慢下来进入成熟期。在这一阶段,产品销售量增长的速度减缓导致众多生产商出现生产过剩。反过来,这种过剩又会导致更加激烈的竞争。此阶段,企业通过降价、减价促销等手段保持竞争优势。因此,各种内外环境因素的影响使得产品的需求呈现出巨大的波动性。

顾客需求响应点是供应链的战略库存点,用于缓冲调节生产与市场动态需求的冲突。顾客需求响应点将供应链分成两部分,如图4-2所示。响应点右边需求变动大,因此采用由客户订单驱动的"拉动"式;响应点左边的活动需求变动小,因此采用由计划驱动的"推动"式。

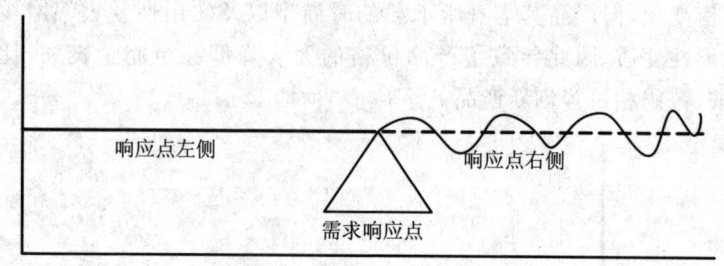

图 4-2 需求响应点作用模式图

(3)产品价值高导致库存成本较大

创新产品由于本身普遍具有较大的价值,而经营者为了满足消费者多样性的需求,不得不大量生产、存储不同型号的产品,这样就有大量的资金被转化为随时都有可能大量贬值的成品,这就给企业带来巨大的经济压力和市场风险。

比如汽车分销商(或批发商),其根据用户对车型、款式、颜色、价格等不同的需求向汽车制造商订货,此时产品往往需要一段较长的时间才能到达,而顾客不想等待这么久时间,因此分销商就不得不进行库存备货。这样若采用传统的分销方式,如图 4-3 所示,大量的库存费用可能使分销商破产;高库存与高缺货率同时并存,其结果导致客户的需求被延期满足,供应链的配送响应周期延长。

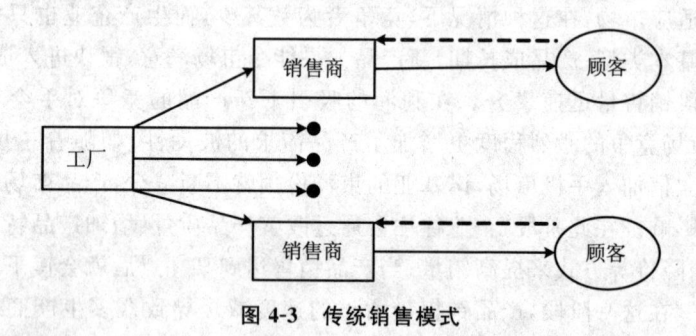

图 4-3 传统销售模式

为了提高存货的实际可得性,降低销售商成本,将商流与物流分离,并运用"联合库存"的思想,采用分销中心的销售方式,如图 4-4 所示。各个销售商只需要少量的库存,大量库存由分销中心储备,负责辖区内商品的物流配送,缩短了顾客响应时间;而在需求地则仅建立小型分销点,各分销点不再建立和管理自己的仓库,而集中精力专门从事商品的交易活动,从而减轻了各个销售商的库存压力。

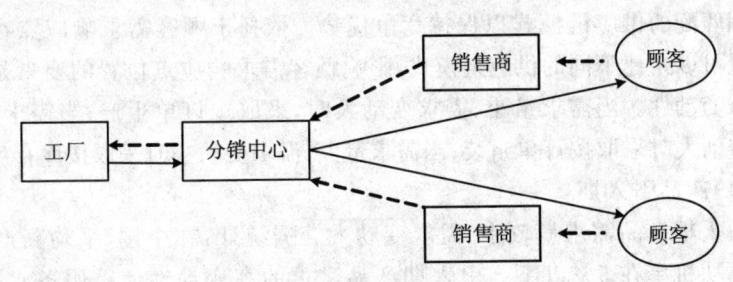

图 4-4　有分销中心的分销模式

(4) 市场的可分性

需求可以进行细分,且在各个细分的市场里市场赢得要素和资格要素存在差异(价格、性能、提前期及服务水平)。例如:根据不同消费者对于高新技术的不同态度将电子产品市场分为两类:"早期市场"(初期的小范围专业市场)与"大众市场"(中期的非专业大众市场)。早期市场如 IT 发烧友一族,他们往往更加注重产品的新功能而忽略产品价格;在大众市场,价格则是购买行为中考虑的重点。又如 Intel 公司向市场提供两种类型 CPU,即奔腾和赛扬系列。奔腾系列主要满足对价格不太敏感但对产品性能比较在意的高端用户,而赛扬系列主要针对对价格敏感而对性能不太在意的低端用户。

(5) 遵守收益递增规律

传统产品一般是劳动密集型产品,随着生产要素越来越多得投入,收益率在达到一个峰值之后开始递减。但创新产品却遵循收益递增规律。造成收益递增的主要因素是各种有关网络经济评论中的三大定律"梅特卡夫法则"、"摩尔定律"、"达维多定律"。如果一个产品的使用用户很多,就会吸引更多相关人员接受它,这帮助了它进一步扩大了领先优势。这充分说明消费方式存在效用递增现象——需求创造了新的需求趋势[4]。

(6) 新老产品的共存性

创新产品新产品出现以后,老产品逐渐被新产品所替代,但一般不会立即退出市场,因而市场上有一个新老产品共存的时期,即产品的更新过程。如 NOKIA 公司在推出新款 5500 时,5200 型仍然受到市场欢迎。在这个过程中,企业要处理好新老产品生产进度安排、价格调整等问题,以实现多产品整个过程的盈利最大化。

4.3　创新产品周期各阶段供应链模式

创新产品随着产品生命周期阶段性的改变,产品需求特征会发生很大的改变,市场赢得要素也会动态变化。因此,应根据产品生命周期的阶段性采取相匹配的供应链模式以保持竞争优势。依托于顾客需求响应点在链中的位置可以构建不同的供应链模式,影响顾客需求响应点位置的要素是数量及需求变动性。当需求量小、需求变动大时,采取按订单生产;当需求量大、需求变动大时采取按订单组装;当需求量大、需求变动小时采取按库存生产。

(1)产品引入期

引入期产品需求量较小、需求变动大。据统计:在中国,平均新产品上市的成功机率在5%以下。引入期产品需求的高变动性使得服务水平,即产品的可获得性成为关键市场赢得要素。而成本、质量则为市场资格要素。因此,此阶段以生产工厂作为需求响应点来减少成品库存,以高市场响应能力适应产品需求变化。

(2)产品成长期

随着产品逐渐被市场接受,产品的需求量增加,产品进入成长期。成长期产品品种增多,需求变动性较大,竞争者增加。需求的高变动性使得服务水平仍是该阶段的关键市场赢得要素;同时由于竞争者的增加使得成本成为此阶段的另一个关键市场赢得要素。因此,此阶段以存放半成品的工厂仓库作为客户需求响应点,这样不但可以大大缩减响应时间、减少库存品的种类和数量、提高预测准确度,还可以组合出多样化的产品以提高柔性,降低成本。

(3)产品成熟期

成熟期产品需求量较大、品种较多、需求变动性小。竞争的激烈以及品种的多样化使得在保持成本为市场赢得要素的同时,也迫使服务水平成为市场赢得要素。因此,此阶段将存放成品的分销中心作为需求响应点进一步缩短响应时间,同时利用生产、运输和仓储的规模经济降低成本。

引入期、成长期、成熟期各阶段供应链模式如图4-5所示。

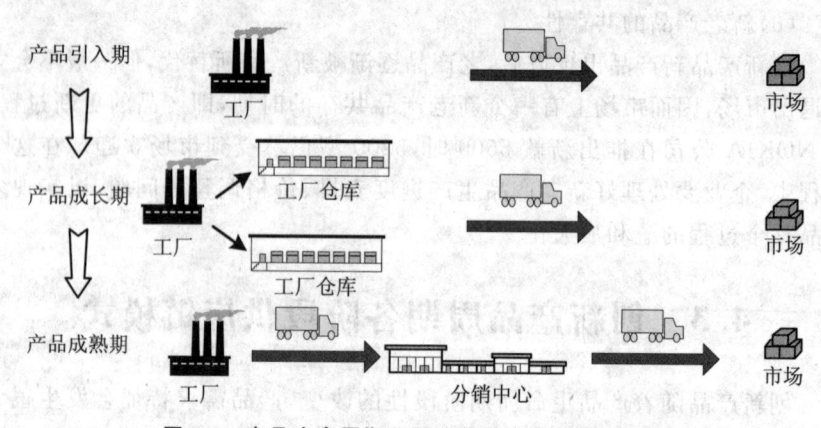

图 4-5 产品生命周期不同阶段供应链网络模式图

顾客需求响应点作为供应链的战略库存点,用于缓冲调节生产与市场动态需求的冲突。顾客需求响应点将供应链分成两部分:响应点右边的活动为"拉动"式,由客户订单驱动;响应点左边的活动为"推动"式,由计划驱动。因此,依托于顾客需求响应点在链中的位置可以构建不同的供应链模式。随着产品生命周期的阶段性不断变化,客户需求的提前期逐渐缩短。为了压缩客户提前期,快速满足市场需求,客户需求响应点的位置逐渐靠近终端。

4.4 创新产品周期不同阶段响应时间模型

根据上述分析可知,供应链模式应随着产品生命周期阶段性的不同而改变,因此,生命周期各阶段的响应时间也将发生相应变化。为了便于分析,本书选择一个较为简单的供应链单阶结构,如图4-6所示。对于一个顾客来说,它向供应商发出订货至收到所订货的产品之间的时间间隔就是供应商相对于它的响应时间。从顾客的角度来说会产生一个信息矩阵[OT,DD,DT],如图4-6时间轴所示。其中,OT表示顾客下达订单的时间,DD表示订单上要求的交货期,DT则表示供应商实际交货的时间;DT可能在DD之前,也可能在DD之后,在供应链管理模式下,供应商和顾客一般都希望能实现DD=DT。从供应商角度来说也会产生一个信息矩阵[1,2],其中1表示产品生产提前期;2表示产品交货提前期。由图4-6可以看出,供应商相对于顾客的响应时间RT可表示为RT=DT-OT。

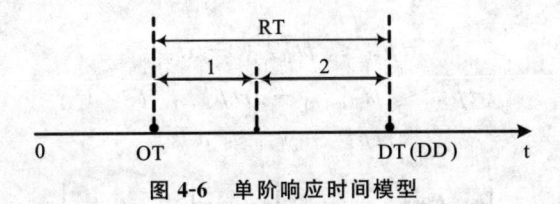

图 4-6 单阶响应时间模型

为了问题便于分析,对下列符号术语进行定义:表示产品整个生命周期三个阶段,$T = \{T_1, T_2, T_3\}$;t表示各个阶段订货周期数,$t = \{1, 2, \cdots, \overline{T}\}$;$i$表示市场,$j$表示分销中心,$k$表示工厂;$xtp$表示半产品加工时间;$xrtp$表示半产品再加工时间;$ot$表示订货提前期;$xt$表示产品生产提前期;$yt$表示交货提前期;$pt$表示相邻周期订货时间间隔;$X = \{0,1\}$表示工厂是否进行生产。

4.4.1 引入期响应时间模型

引入期顾客需求响应点为工厂,即工厂收到顾客订单后响应。所以,引入期响应时间=产品生产提前期+交货提前期,响应时间应不超过市场订货提前期,数学表达式为(4-1),时间示意图如图4-7所示。

$$xt_{kt1}^{T_1} + yt_{ki1}^{T_1} \leqslant ot_{it}^{T_1} \tag{4-1}$$

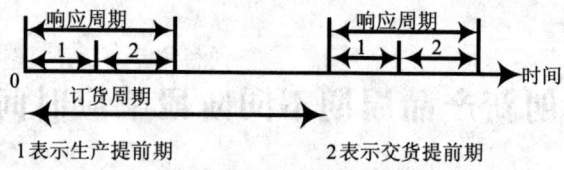

图 4-7 产品引入期响应时间模型

4.4.2 成长期响应时间模型

产品由引入期进入成长期,成长期顾客需求响应点为工厂仓库,即收到客户订单后进行半产品的再加工以缩短响应时间。这种先对产品组件及模块进行预测生产(半成品生产),最后的个性化组装(半成品再加工)由客户需求拉动方式既可以缩短响应时间,还可以提高柔性,降低成本。所以成长期响应时间=产品生产提前期(半成品再加工时间)+交货提前期。半成品生产时间分为两个阶段。第一阶段为由引入期进入成长期,即时,数学表达式如(4-2)所示;第二阶段为成长期内周期数时,数学表达式为(4-3);响应时间应不超过市场订货提前期,数学表达式为(4-4)。时间示意如图4-8所示。

$$xtp_{kt2}^{T_2} \leqslant pt_{i(干1,1)}^{T_1,T_2} - xt_{\mp1}^{T_1} \tag{4-2}$$

$$xtp_{kt2}^{T_2} \leqslant pt_{i(t-1,t)}^{T_2} - xrtp_{k(t-1)}^{T_2}, t > 1 \tag{4-3}$$

$$xrtp_{kt2}^{T_2} + yt_{ki1}^{T_2} \leqslant ot_{it}^{T_2} \tag{4-4}$$

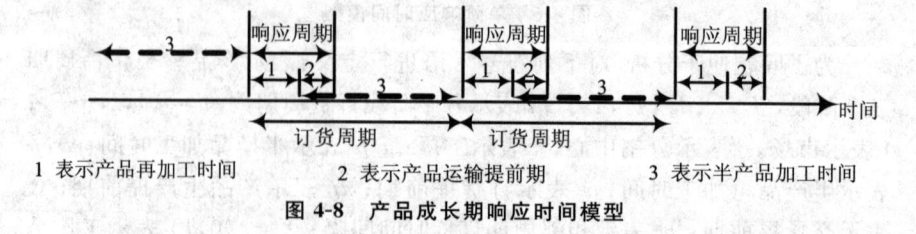

图 4-8 产品成长期响应时间模型

4.4.3 成熟期响应时间模型

产品由引入期进入成长期工厂为连续式生产,即当本周期生产完毕立

第4章 创新产品生命周期阶段响应时间模型

即进行下一周期生产,若下周期不生产,则从本周期生产完毕后至下一订货周期末不生产。成熟期以分销中心为顾客需求响应点,所以成熟期响应时间=交货提前期。但其前提为有货物运到分销中心,因此由成长期进入成熟期,即时,生产提前期必须满足数学表达式如式(4-5)所示;当时,满足式(4-6),当满足式(4-7)。响应时间应不超过市场订货提前期,数学表达式为式(4-8)。时间示意如图4-9所示。

$$xt_{k1}^{T_3} + yt_{kj1}^{T_3} \leqslant pt_{i(\mp_2,1)}^{T_2,T_3} - xrtp_{k\mp_2}^{T_2} - xt_{k\mp_2}^{T_2} \tag{4-5}$$

$$xt_{k2}^{T_3} + yt_{kj2}^{T_3} \leqslant pt_{i(1,2)}^{T_3} + X_{k1}^{T_3}(pt_{i(\mp_2,1)}^{T_2,T_3} - xrtp_{k\mp_2}^{T_2} - xt_{k\mp_2}^{T_2}) - xt_{k1}^{T_3} \tag{4-6}$$

$$xt_{kt}^{T_3} + yt_{kjt}^{T_3} \leqslant pt_{i(t-1,t)}^{T_3} + \sum_{t=2}^{t-1}((pt_{i(t-1,t)}^{T_3} - xt_{k(t-1)}^{T_3})\prod_{t'=t}^{t-1} X_{kt}^{T_3}) - xt_{k(t-1)}^{T_3}$$
$$+ (pt_{i(\mp_2,1)}^{T_2,T_3} - xrtp_{k\mp_2}^{T_2} - xt_{k\mp_2}^{T_2})\prod_{t=1}^{t-1} X_{kt}^{T_3}, t > 2 \tag{4-7}$$

$$yt_{jit}^{T_3} \leqslant ot_{it}^{T_3} \tag{4-8}$$

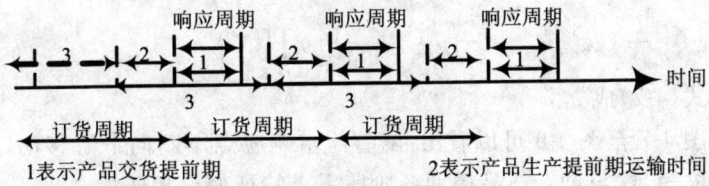

图4-9 产品成熟期响应时间模型

采用完全归纳法对公式(4-7)证明如下:

当时,

$$xt_{k3}^{T_3} + yt_{kj3}^{T_3} \leqslant pt_{i(2,3)}^{T_3} + \sum_{t=2}^{3-1}((pt_{i(t-1,t)}^{T_3} - xt_{k(t-1)}^{T_3})\prod_{t'=t}^{3-1} X_{kt'}^{T_3}) - xt_{k2}^{T_3}$$
$$+ (pt_{i(\mp_2,1)}^{T_2,T_3} - xrtp_{k\mp_2}^{T_2} - xt_{k\mp_2}^{T_2})\prod_{t=1}^{3-1} X_{kt}^{T_3}, \tag{4-9}$$

即为:

$$xt_{k3}^{T_3} + yt_{kjt}^{T_3} \leqslant pt_{i(2,3)}^{T_3} + (pt_{i(1,2)}^{T_3} - xt_{k1}^{T_3})X_{k2}^{T_3} - xt_{k2}^{T_3}$$
$$+ (t_{i(\mp_2,1)}^{T_2,T_3} - xrtp_{k\mp_2}^{T_2} - xt_{k\mp_2}^{T_2})X_{k1}^{T_3}X_{k2}^{T_3} \tag{4-10}$$

所以式(4-7)成立;

假设当时公式成立,即:

$$xt_{kn}^{T_3} + yt_{kjn}^{T_3} \leqslant pt_{i(n-1,n)}^{T_3} + \sum_{t=2}^{n-1}((pt_{i(t-1,t)}^{T_3} - xt_{k(t-1)}^{T_3})\prod_{t'=t}^{n-1} X_{kt'}^{T_3}) - xt_{k(n-1)}^{T_3}$$
$$+ (pt_{i(\mp_2,1)}^{T_2,T_3} - xrtp_{k\mp_2}^{T_2} - xt_{k\mp_2}^{T_2})\prod_{t=1}^{n-1} X_{kt}^{T_3}, n > 3 \tag{4-11}$$

则当时

$$xt_{k(n+1)}^{T_3} + t_{kj(n+1)}^{T_3} \leq pt_{i(n,n+1)}^{T_3} - xt_{kn}^{T_3}$$

$$+ X_{kn}^{T_3}\left[\begin{array}{l} pt_{i(t-1,t)}^{T_3} + \sum_{t=2}^{n-1}((pt_{i(t-1,t)}^{T_3} - xt_{k(t-1)}^{T_3})\prod_{t'=t}^{n-1}X_{kt'}^{T_3}) - xt_{k(t-1)}^{T_3} \\ + (pt_{i(\mp_2,1)}^{T_2,T_3} - xrtp_{k\mp_2}^{T_2} - xt_{k\mp_2}^{T_2})\prod_{t=1}^{n-1}X_{kt}^{T_3} \end{array}\right]$$

(4-12)

$$\text{不等式右} = pt_{i(n,n+1)}^{T_3} - xt_{kn}^{T_3} + X_{kn}^{T_3}(pt_{i(t-1,t)}^{T_3} - xt_{k(t-1)}^{T_3}) + X_{kn}^{T_3}\sum_{t=2}^{n-1}((pt_{i(t-1,t)}^{T_3}$$

$$- xt_{k(t-1)}^{T_3})\prod_{t'=t}^{n-1}X_{kt'}^{T_3}) + X_{kn}^{T_3}(pt_{i(\mp_2,1)}^{T_2,T_3} - xrtp_{k\mp_2}^{T_2} - xt_{k\mp_2}^{T_2})\prod_{t=1}^{n-1}X_{kt}^{T_3}$$

$$= pt_{i(n,n+1)}^{T_3} - xt_{kn}^{T_3} + \sum_{t=2}^{n}((pt_{i(t-1,t)}^{T_3} - xt_{k(t-1)}^{T_3})\prod_{t'=t}^{n}X_{kt'}^{T_3})$$

$$+ (pt_{i(\mp_2,1)}^{T_2,T_3} - xrtp_{k\mp_2}^{T_2} - xt_{k\mp_2}^{T_2})\prod_{t=1}^{n}X_{kt}^{T_3}$$

因此公式(4-7)成立。

从图 4-7 至图 4-9 可以看出,随着需求响应点不断向下游移动,响应时间逐渐缩短,这与创新产品周期各阶段需求特征变化相匹配。

4.5 小结

没有一种单一的供应链模式能适合产品的整个生命周期,供应链模式应与顾客需求相匹配。随着产品走过其生命周期,市场需求会发生很大的改变,因此需要不断地评估产品的需求特征,明确产品处于何种生命周期阶段,从而采取相匹配的供应链模式以保持竞争优势。本章根据创新产品生命周期的三个阶段(引入期、成长期、成熟期)需求特征的不同给出了与之相匹配的供应链模式(如引入期以工厂为响应点的供应链模式,成长期以工厂仓库为响应点的供应链模式和成熟期以分销中心为响应点的供应链模式);然后在此基础上定量的表达出产品生命周期三个阶段动态响应时间函数,最后运用完全归纳法对响应时间函数给予了证明。

第5章 创新产品多阶段动态供应链网络协同优化

5.1 引言

供应链网络设计是企业重要的战略问题之一,在竞争激烈的商业环境下,设计合理的供应链网络对有效降低物流成本,增强产品竞争力具有重要现实和理论意义。很多学者针对这一问题展开了深入研究[222~224],然而,事实表明,面对复杂的市场环境,有些供应链运行结果却不尽如人意,其中一个重要原因就是供应链模式和产品阶段需求特征的不匹配[1]。现有文献多是从定性角度提出一般产品生命周期阶段特征与供应链类型的匹配关系[225,226],而少有文献在定量研究中考虑产品的需求特征。文献[227]针对产品需求特征研究了加工装配型产品的生产成本;文献[228]针对汽车产品需求特征对供应链生产决策进行了研究;文献[218]根据产品需求特征不同构建了供应链阶段响应时间模型;文献[204]根据液晶面板需求特征构建了不同生产策略下的企业利润模型。上述文献或是在静态需求特征下对问题进行研究,如文献[227][228];或是忽略了阶段间的关联性进行阶段独立优化决策,如文献[204][218]。由于产品需求特征随产品生命周期阶段动态变化[229],因此,应进行动态需求特征下的整体优化,而这正是本章研究的重点。在相关研究基础上,将易逝性电子产品生命周期动态阶段需求特征融合到供应链生产分销网络设计中,根据阶段响应点构建贯穿整个产品生命周期的动态阶段响应时间表达式;在考虑生产、存储、运输能力及响应时间约束的基础上,建立贯穿整个产品生命周期的多阶段动态规划模型以实现生命周期总利润最大化。通过对模型进行数值仿真,结果表明整体决策优于各阶段独立决策,同时也验证了模型的有效性。

5.2 创新产品多阶段优化模型

5.2.1 问题描述

与传统产品的生命周期曲线呈正态分布不同,易逝性电子产品生命周期曲线呈 S 形分布,无明显衰退期[230]。并且,易逝性电子产品市场需求具有明显的阶段需求动态变化特征:①引入期产品需求量较小需求变动大;因此,企业为了降低风险且适应需求变化往往采用订单式生产以提高市场响应能力。②成长期,随着需求量的增加,客户的个性化需求也在不断变化,同时竞争者增多。因此,企业为了降低成本、缩短响应时间提高适应个性化需求能力而采用组装式生产。③成熟期,产品需求量达到最大、需求变动性相对减小、而竞争更加激烈。因此,企业采用库存式生产进一步缩短响应时间,同时利用生产、运输和仓储的规模降低成本。在易逝性电子产品生产—分销网络设计中,一方面由于阶段需求的差异性导致各阶段优化结构存在明显区别;另一方面由于阶段的连续性因而必须考虑各个阶段之间的相互影响。考虑阶段需求特征的动态供应链生产—分销网络优化就是针对易逝性电子产品生命周期阶段模式,将生产量及各条物流路径上的物流量设为连续决策变量,以阶段响应时间为转移方程,以整个生命周期盈利最大为目标函数,在一定的约束条件下求解确定各阶段产品生产数量、存储量及运输量。

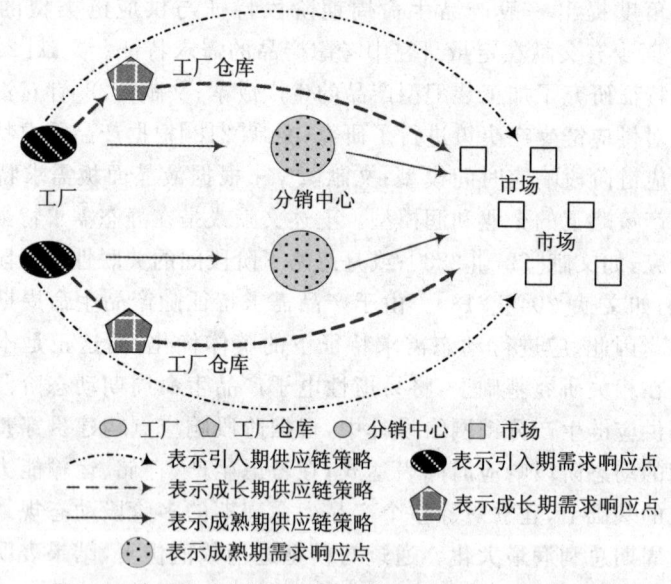

图 5-1　产品生命周期不同阶段供应链生产—分销网络图

5.2.2　模型假设与参数

5.2.2.1　设置假设

为简化模型的复杂性,做如下假设:

①组成产品生命周期的三阶段简称为阶段,每个阶段由若干小周期组成,简称周期;

②各工厂的生产能力已知,产品生产时间与生产量成线性关系;

③同阶段各市场销售价格相同且已知,零售商的维持库存成本与固定订货成本忽略不计;

④各市场每隔一定时间 t 进行一次订货,各市场订货时间间隔已知;

⑤各种设施的能力及固定运营成本、运输成本等已知,各存储设施初始及最终库存为 0。

5.2.2.2 参数确定

(1) 上下标

I 为产品销售市场集合,$I = \{1, 2, \cdots i \cdots a\}$;

J 为成品存储的分销中心集合,$J = \{1, 2, \cdots j \cdots b\}$;

K 为生产工厂集合,$K = \{1, 2, \cdots k \cdots c\}$;

W_k 为半成品存储仓库集合,$W_k = \{1_k, 2_k, \cdots w_k \cdots d_k\} k \in K$;

N 表示阶段集合,$N = \{1, 2, 3\}$;

T_n 为 n 阶段内周期集合,$T_n = \{1, 2, \cdots t \cdots t_n\}$;

T^L 表示整个产品生命周期内的全部周期集合。

(2) 能力参数

A_{kt}^n 为 n 阶段周期 t 工厂 k 最大生产能力;

B_{jt}^n 为 n 阶段周期 t 分销中心 j 储存能力;

$C_{w_k t}^n$ 为 n 阶段周期 t 工厂仓库 w_k 的储存能力。

(3) 需求价格参数

D_{it}^n 为 n 阶段周期 t 市场 i 产品最大需求量;

p_{it}^n 为 n 阶段周期 t 市场 i 实际销售价格。

(4) 费用参数

v_{kt}^n 为 n 阶段周期 t 工厂 k 单位产品生产成本;

r_{kt}^n 为 n 阶段周期 t 工厂 k 产品固定生产成本;

q_{kt}^n 为 n 阶段周期 t 工厂 k 单位半成品生产成本;

$e_{w_k t}^n$ 为 n 阶段周期 t 对工厂仓库 w_k 单位半成品再加工成本;

$r_{w_k t}^n$ 为 n 阶段周期 t 工厂仓库 w_k 固定运行成本;

$v_{w_k t}^n$ 为 n 阶段周期 t 仓库 w_k 单位半成品运行成本;

$h_{w_k t}^n$ 为 n 阶段周期 t 末工厂仓库 w_k 单位半成品存储成本;

r_{jt}^n 为 n 阶段周期 t 分销中心 j 固定运行成本;

v_{jt}^n 为 n 阶段周期 t 分销中心 j 单位产品运行成本;

h_{jt}^n 为 n 阶段周期 t 末分销中心 j 单位产品存储成本;

r_{kit}^n 为 n 阶段周期 t 产品由工厂 k 到市场 i 运输所需固定成本;

v_{kit}^n 为 n 阶段周期 t 单位产品由工厂 k 到市场 i 运输成本;

r_{kjt}^n 为 n 阶段周期 t 产品由工厂 k 到分销中心 j 运输所需要的固定成本;

v_{kjt}^n 为 n 阶段周期 t 单位产品由工厂 k 到分销中心 j 的运输成本;

r_{jit}^n 为 n 阶段周期 t 产品由分销中心 j 到市场运输所需要的固定成本;

v_{jit}^n 为 n 阶段周期 t 单位产品由分销中心 j 到市场 i 的运输成本。

(5) 时间参数

l_{kt}^n 为 n 阶段周期 t 工厂 k 单位产品生产时间;

g_{kt}^n 为 n 阶段周期 t 工厂 k 单位半成品生产时间;

$l_{w_k t}^n$ 为 n 阶段周期 t 工厂 k 对工厂仓库 w 单位半成品再加工时间;

l_{kit}^n 为 n 阶段周期 t 产品由工厂 k 到市场 i 运输时间;

l_{kjt}^n 为 n 阶段周期 t 产品由工厂 k 到分销中心 j 所需运输时间;

l_{jit}^n 为 n 阶段周期 t 产品由分销中心 j 到市场 i 所需运输时间;

$l_{i(t,t+1)}^n$ 为 n 阶段相邻周期 t、$t+1$ 市场 i 订货时间间隔;

$l_{i(t_n,1)}^{n,n+1}$ 为 n 阶段最后一个周期与 $n+1$ 阶段第一个周期市场 i 订货时间间隔;

α_{it}^n 为 n 阶段周期 t 市场 i 对产品要求的交货时间;

β_{kt}^n 为 n 阶段周期 t 工厂 k 响应时间。

(6) 0-1 变量

X_{kt}^n 表示 n 阶段周期 t 工厂 k 是否进行生产;

$\mathcal{X}_{kt}^n$ 表示 n 阶段周期 t 工厂 k 是否进行再加工生产或产品加急生产;

Y_{kit}^n 表示 n 阶段周期 t 工厂 k 到市场 i 是否运输;

$V_{w_k t}^n$ 为 n 阶段周期 t 工厂仓库 w_k 是否使用;

Z_{kjt}^n 表示 n 阶段周期 t 工厂 k 到分销中心 j 是否运输;

U_{jt}^n 为 n 阶段周期 t 分销中心 j 是否使用;

F_{jit}^n 为 n 阶段周期 t 分销中心 j 到市场 i 是否运输。

(7) 决策变量

x_{kt}^n 为 n 阶段周期 t 工厂 k 产品实际生产量;

τ_{kt}^n 为 n 阶段周期 t 工厂 k 产品生产时间,$\tau_{kt}^n = l_{kt}^n x_{kt}^n$;

m_{kt}^n 为 n 阶段周期 t 工厂 k 半成品生产量;

γ_{kt}^n 为 n 阶段周期 t 工厂 k 半成品生产时间,$\gamma_{kt}^n = g_{kt}^n m_{kt}^n$;

$x_{w_k t}^n$ 为 n 阶段周期 t 在工厂仓库 w_k 半成品的入库量;

$s_{w_k t}^n$ 为 n 阶段周期 t 对工厂仓库 w_k 半成品出库再加工量;

κ_{kt}^n 为 n 阶段周期 t 对工厂 k 半成品的再加工时间,$\kappa_{kt}^n = \sum_{w \in W} l_{w_k t}^n s_{w_k t}^n$;

$u_{w_k t}^n$ 为 n 阶段周期 t 末半成品在工厂仓库 w_k 存储量;
y_{kit}^n 为 n 阶段周期 t 工厂 k 到市场的运量;
z_{kjt}^n 为 n 阶段周期 t 工厂 k 到分销中心 j 运输量;
f_{jit}^n 为 n 阶段周期 t 分销中心 j 到市场 i 的运量;
u_{jt}^n 为 n 阶段周期 t 末分销中心 j 产品存储量;
ζ_{it}^n 为 n 阶段周期 t 市场 i 的缺货量。

5.2.3 分阶段模型建立

由于阶段需求的差异性导致各阶段优化结构存在明显区别,首先,根据产品生命周期阶段划分构建阶段优化模型;然后,以响应时间为转移方程将各单阶段模型转换为相互联系的三阶段动态优化模型,目标函数为整个产品生命周期内盈利最大。

5.2.3.1 引入期模型

引入期生产—分销网络构成为工厂、市场,目标函数考虑产品固定/可变生产成本、运输成本。

1) 产品引入期盈利最大

$$Max\ H_1 = \sum_{t \in T_1} \sum_{i \in I} p_{it}^1 (D_{it}^1 - \zeta_{it}^1) - \sum_{t \in T_1} \sum_{k \in K} (r_{kt}^1 X_{kt}^1 + v_{kt}^1 x_{kt}^1)$$
$$- \sum_{t \in T_1} \sum_{k \in K} \sum_{i \in I} (r_{kit}^1 Y_{kit}^1 + v_{kit}^1 y_{kit}^1) \tag{5-1}$$

由问题描述可知有下述限制条件:

2) 产品响应时间满足市场要求,即

$$\beta_{kt}^1 \leqslant \alpha_{it}^1 \quad \forall k,i, \forall t \in T_1 \tag{5-2}$$

3) 产品生产、运输量守恒,即

$$\sum_{i \in I} Y_{kit}^1 y_{kit}^1 = x_{kt}^1 \quad \forall k, \forall t \in T_1 \tag{5-3}$$

$$\sum_{k \in K} Y_{kit}^1 y_{kit}^1 = D_{it}^1 - \zeta_{it}^1 \quad \forall i, \forall t \in T_1 \tag{5-4}$$

4) 生产能力限制约束,即

$$x_{kt}^1 \leqslant X_{kt}^1 A_{kt}^1 \quad \forall k, \forall t \in T_1 \tag{5-5}$$

5) 规定了各个变量取值范围,即

$$x_{kt}^1, y_{kit}^1, \zeta_{it}^1 \geqslant 0 \quad \forall k,i; \forall t \in T_1 \tag{5-6}$$

5.2.3.2 成长期模型

成长期生产—分销网络构成为工厂、工厂仓库、市场;同时,考虑成品的加急生产。目标函数考虑产品固定/可变生产成本,再加工固定/可变生产成本,仓储固定/可变运行成本及存储成本,运输固定/可变运输成本,产品加急生产成本。

1) 产品成长期盈利最大,即

$$Max\ H_2 = \sum_{t \in T_2}\sum_{i \in I} p_{it}^2(D_{it}^2 - \zeta_{it}^2) - \sum_{t \in T_2}\sum_{k \in K}(r_{kt}^2 X_{kt}^2 + q_{kt}^2 m_{kt}^2)$$
$$- \sum_{t \in T_2}\sum_{k \in K}\sum_{w \in W}(r_{w_kt}^2 V_{w_kt}^2 + x_{w_kt}^2 v_{w_kt}^2) - \sum_{t \in T_2}\sum_{k \in K}(r_{kt}^2 X_{kt}^2 + v_{kt}^2 x_{kt}^2)$$
$$- \sum_{t \in T_2}\sum_{k \in K}\sum_{w \in W} e_{w_kt}^2 s_{w_kt}^2 + \sum_{t \in T_2}\sum_{k \in K} X_{kt}^2 X_{kt}^2 r_{kt}^2 - \sum_{t \in T_2}\sum_{k \in K}\sum_{w \in W} h_{w_kt}^2 u_{w_kt}^2$$
$$- \sum_{t \in T_2}\sum_{k \in K}\sum_{i \in I}(r_{kit}^2 Y_{kit}^2 + v_{kit}^2 y_{kit}^2) \tag{5-7}$$

由问题描述可知有下述限制条件:

2) 产品响应时间满足市场要求,即

$$\beta_{kt}^2 \leqslant \alpha_{it}^2 \quad \forall k,i, \forall t \in T_2 \tag{5-8}$$

3) 产品生产、运输、需求量守恒,即

$$m_{kt}^2 = \sum_{w \in W} x_{w_kt}^2 \quad \forall k, \forall t \in T_2 \tag{5-9}$$

$$\sum_{w \in W} s_{w_kt}^2 + x_{kt}^2 = \sum_{i \in I} Y_{kit}^2 y_{kit}^2 \quad \forall k, \forall t \in T_2 \tag{5-10}$$

$$\sum_{k \in K} Y_{kit}^2 y_{kit}^2 = D_{it}^2 - \zeta_{it}^2 \quad \forall i, \forall t \in T_2 \tag{5-11}$$

4) 半成品存储量守恒,即

$$u_{w_kt}^2 = x_{w_kt}^2 - s_{w_kt}^2 + u_{w_k(t-1)}^2 \quad \forall w,k, \forall t \in T_2 \tag{5-12}$$

5) 工厂仓库初始库存及最后一个周期末库存为0,即

$$u_{w_k1}^2 = 0, u_{w_kt_2}^2 = 0 \quad \forall w,k \tag{5-13}$$

6) 各种设施的能力约束,即

$$m_{kt}^2 \leqslant X_{kt}^2 A_{kt}^2 \quad \forall k, \forall t \in T_2 \tag{5-14}$$

$$\sum_{w \in W} s_{w_kt}^2 + x_{kt}^2 \leqslant X_{kt}^2 A_{kt}^2 \quad \forall k, \forall t \in T_2 \tag{5-15}$$

$$x_{w_kt}^2 + u_{w_k(t-1)}^2 \leqslant V_{w_kt}^2 B_{w_kt}^2 \quad \forall k,w, \forall t \in T_2 \tag{5-16}$$

7) 规定了各个变量取值范围,即

$$x_{kt}^2, m_{kt}^2, x_{w_kt}^2, s_{w_kt}^2, u_{w_kt}^2, y_{kit}^2, \zeta_{it}^2 \geqslant 0 \quad \forall k,i,w; \forall t \in T_2 \tag{5-17}$$

5.2.3.3 成熟期模型

成熟期生产—分销网络构成为工厂、分销中心、市场,其中考虑了产品固定/可变生产成本,分销中心固定/可变运行成本及存储成本,运输固定/可变运输成本。

1) 产品成熟期盈利最大,即

$$Max\ H_3 = \sum_{t \in T_3}\sum_{i \in I} p_{it}^3(D_{it}^3 - \zeta_{it}^3) - \sum_{t \in T_3}\sum_{k \in K}(r_{kt}^3 X_{kt}^3 + v_{kt}^3 x_{kt}^3)$$

$$-\sum_{t\in T_3}\sum_{k\in K}\sum_{j\in J}(r_{kjt}^3 Z_{kjt}^3 + v_{kjt}^3 z_{kjt}^3) - \sum_{t\in T_3}\sum_{j\in J}(r_{jt}^3 U_{jt}^3 + \sum_{k=K} z_{kjt}^3 v_{jt}^3)$$

$$-\sum_{t\in T_3}\sum_{j\in J} h_{jt}^3 u_{jt}^3 - \sum_{t\in T_3}\sum_{j\in J}\sum_{i\in I}(r_{jit}^3 F_{jit}^3 + v_{jit}^3 f_{jit}^3) \tag{5-18}$$

由问题描述可知有下述限制条件:

2)产品响应时间满足市场要求,即

$$\beta_{kt}^3 \leqslant \alpha_{it}^3 \quad \forall k,i,\forall t\in T_3 \tag{5-19}$$

3)产品生产、运输、存储及需求量守恒,即

$$x_{kt}^3 = \sum_{j\in J} Z_{kjt}^3 z_{kjt}^3 \quad \forall k,\forall t\in T_3 \tag{5-20}$$

$$u_{jt}^3 = \sum_{k\in K} Z_{kjt}^3 z_{kjt}^3 - \sum_{i\in I} F_{jit}^3 f_{jit}^3 + u_{j,(t-1)}^3 \quad \forall j,\forall t\in T_3 \tag{5-21}$$

$$\sum_{j\in J} F_{jit}^3 f_{jit}^3 = D_{it}^3 - \zeta_{it}^3 \quad \forall i,\forall t\in T_3 \tag{5-22}$$

4)分销中心初始库存及最后一个周期末库存为0,即

$$u_{j1}^3 = 0, u_{jt_3}^3 = 0 \quad \forall j \tag{5-23}$$

5)各种设施的能力限制,即

$$x_{kt}^3 \leqslant X_{kt}^3 A_{kt}^3 \quad \forall k,\forall t\in T_3 \tag{5-24}$$

$$\sum_{k\in K} Z_{kjt}^3 z_{kjt}^3 + u_{j,(t-1)}^3 \leqslant U_{jt}^3 C_{jt}^3 \quad \forall j,\forall t\in T_3 \tag{5-25}$$

6)规定了各个变量取值范围,即

$$x_{kt}^3, z_{kjt}^3, f_{jit}^3, u_{jt}^3, \zeta_{it}^3 \geqslant 0 \quad \forall k,j,i; \forall t\in T_3 \tag{5-26}$$

5.2.4 整体优化模型建立与求解

5.2.4.1 混合模式下的整体优化模型

产品响应时间具有连续动态性并贯穿整个产品生命周期,尽管模型给出了阶段响应时间表达式,如式(5-2)、(5-8)、(5-19),但没有考虑相互间的联系。因此,根据阶段响应点建立动态阶段响应时间,在此基础上构建整个生命周期的供应链生产—分销网络优化模型。

引入期顾客需求响应点为工厂,响应时间由产品生产时间和运输时间组成,式(5-2)可表示为(5-2a)。

$$\tau_{kt}^1 + Y_{kit}^1 l_{kit}^1 \leqslant \alpha_{it}^1 \quad \forall k,i,\forall t\in T_1。 \tag{5-2a}$$

成长期顾客需求响应点为工厂仓库,响应时间由半成品再加工时间(产品加急生产时间)和运输时间两部分组成,半成品生产时间表达式分为$t=1$、$t>1$两部分。$t=1$时,表示由引入期进入成长期;$t>1$时表示成长期内周期数。因此,式(5-8)可表示为(5-8a)~(5-8c)。

$$\gamma_{k1}^1 \leqslant l_{i,(t_1,1)}^{1,2} - \tau_{kt_1}^1 \quad \forall k,i; t=1; \tag{5-8a}$$

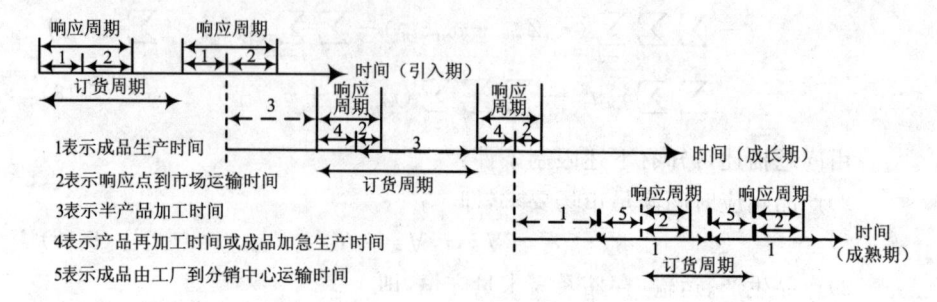

图 5-2 产品生命周期不同阶段响应时间

$$\gamma_{kt}^2 \leqslant l_{i(t-1,t)}^2 - \kappa_{k(t-1)}^2 - \tau_{k(t-1)}^2 \quad \forall k,i, \forall t \in T_2; t>1; \quad (5\text{-}8\text{b})$$

$$\kappa_{kt}^2 + \tau_{kt}^2 + Y_{kit}^2 l_{kit}^2 \leqslant \alpha_{it}^2 \quad \forall k,i, \forall t \in T_2 \, . \quad (5\text{-}8\text{c})$$

成熟期顾客需求响应点为分销中心,因此,运输时间即为响应时间,但其前提为有货物运到分销中心,成品生产时间表达式分为三部分,由成长期进入成熟期,即 $t=1$ 时;第二、三部分为当 $t=2$ 时以及当 $t>2$ 时。因此,式(5-19)可表示为(5-19a)~(5-19d)。

$$\tau_{k1}^3 + Z_{kj1}^3 l_{kj1}^3 \leqslant l_{i(t_2,1)}^{2,3} - \kappa_{kt_2}^2 - \tau_{kt_2}^2 \quad \forall k,j,i; t=1; \quad (5\text{-}19\text{a})$$

$$\tau_{k2}^3 + Z_{kj2}^3 l_{kj2}^3 \leqslant l_{i(1,2)}^3 + X_{k1}^3 (l_{i(t_2,1)}^{2,3} - \kappa_{kt_2}^2 - \tau_{kt_2}^2) - \tau_{k1}^3 \quad \forall k,j,i; t=2; \quad (5\text{-}19\text{b})$$

$$\tau_{kt}^3 + Z_{kjt}^3 l_{kjt}^3 \leqslant l_{i(t-1,t)}^3 + \sum_{t=2}^{t-1}\left((l_{i(t-1,t)}^3 - \tau_{k(t-1)}^3)\prod_{t'=t}^{t-1}X_{kt'}^3\right) - \tau_{k(t-1)}^3$$

$$+ (l_{i(t_2,1)}^{2,3} - \kappa_{kt_2}^2 - \tau_{kt_2}^2)\prod_{t=1}^{t-1}X_{kt}^{T_3} \quad \forall k,j,i, \forall t \in T_3, t>2 \quad (5\text{-}19\text{c})$$

$$F_{jit}^3 l_{jit}^3 \leqslant \alpha_{it}^3 \quad \forall j,i, \forall t \in T_3 \quad (5\text{-}19\text{d})$$

由此可得产品整个生命周期的生产—分销网络优化模型,其目标函数为式(5-27)所示,约束条件为各阶段非时间约束及式(5-2a)、式(5-8a)~式(5-8c)、式(5-19a)~式(5-19d)组成。

$$Max\ H = Max(H_1 + H_2 + H_3) \quad (5\text{-}27)$$

5.2.4.2 订单式生产整体优化模型

订单式生产整体优化即整个生命周期均采用订单式生产,因此,其目标函数即为

$$Max\ H^{MTO} = Max\ H_1 \quad (5\text{-}1\text{a})$$

式(5-2a)、式(5-3)~式(5-6)联合组成订单式生产整体优化模型中的约束条件。

此时,各式中 $T_1 = T^L$。

5.2.4.3 组装式生产整体优化模型

组装式生产整体优化即整个生命周期均采用组装式生产,因此,其目标函数即为

$$Max\ H^{ATO} = Max\ H_2 \tag{5-7a}$$

此阶段时间约束(5-8)表示为(5-8c)、(5-8d)、(5-8e);其中(5-8d)、(5-8e)如下式:

$$\tau_{k1}^2 + Y_{ki1}^2 l_{ki1}^2 \leqslant \alpha_{i1}^2 \quad \forall k,i,t=1 \tag{5-8d}$$

$$\gamma_{kt}^2 \leqslant l_{i(t-1,t)}^2 - \kappa_{k(t-1)}^2 - \tau_{k(t-1)}^2 \quad \forall k,i, \forall t \in T_2, t>1 \tag{5-8e}$$

式(5-8c)~式(5-8e)、式(5-9)~式(5-17)联合组成组装式生产整体优化模型中的约束条件。

此时,各式中 $T_2 = T^L$。

5.2.4.4 库存式生产整体优化模型

库存式生产整体优化即整个生命周期均采用库存式生产,因此,其目标函数即为

$$Max\ H^{MTS} = Max\ H_3 \tag{5-18a}$$

此阶段时间约束(5-19)表示为(5-19d)、(5-19e)、(5-19f)、(5-19g);其中(5-19e)~(5-19g)如下:

$$\tau_{k1}^3 + Z_{kj1}^3 l_{kj1}^3 + F_{ji1}^3 l_{ji1}^3 \leqslant \alpha_{i1}^3 \quad \forall k,j,i;t=1 \tag{5-19e}$$

$$\tau_{k2}^3 + Z_{kj2}^3 l_{kj2}^3 \leqslant l_{i(1,2)}^3 - \tau_{k1}^3 \quad \forall k,j,i, \forall t \in T_3, t=2 \tag{5-19f}$$

$$\tau_{kt}^3 + Z_{kjt}^3 l_{kjt}^3 \leqslant l_{i(t-1,t)}^3 - \tau_{k(t-1)}^3 + \sum_{\bar{t}=2}^{t-1}\left((l_{i(\bar{t}-1,\bar{t})}^3 - \tau_{k(\bar{t}-1)}^3)\prod_{t'=\bar{t}}^{t-1}X_{kt'}^3\right)$$

$$\forall k,j,i, \forall t \in T_3, t>2 \tag{5-19g}$$

式(5-19d)~式(5-19g)、式(5-20)~式(5-26)联合组成库存式生产整体优化模型中的约束条件。

此时,各式中 $T_3 = T^L$。

5.2.4.5 模型求解

以上模型均为混合整数规划问题,可用 LINGO 软件编程序求解。

5.2.5 数值仿真

品牌电子产品制造商构建生产—分销集成网络,该网络由2个备选生产工厂(每个工厂有2个仓库)、3个分销中心和3个消费市场组成。2个备选生产工厂参数如下。固定成本:固定运营成本分别为30万元和50万元;最大生产能力:引入期为2000件、3000件,成长期为7000件、9000件,成熟期为15000件、20000件;单位产品(半产品)生产(再加工)成本:引入期分

别为 991 元/件、987 元/件，成长期为 890 元/件、889 元/件，半成品成本为 460 元/件、457 元/件，半成品再加工成本为 409 元/件、400 元/件；成熟期分别为 650 元/件、631 元/件；单位产品(半产品)生产(再加工)效率：引入期为 2.0 小时/100、1.6 小时/100 件，成长期为 0.9 小时/100 件、0.7 小时/100 件，半产品加工效率为 0.8 小时/100 件、0.6 小时/100 件，半成品再加工效率分别为 0.2 小时/100 件、0.16 小时/100 件，成熟期单位产品可变生产单位产品生产效率为 0.21 小时/100 件和 0.19 小时/100 件。每个备选生产工厂分别有 2 个存储仓库，工厂 1 的 2 个仓库固定运营成本分别为 5 万元、6 万元，可变运营成本为 12 元/件、14 元/件，单位存储成本均为 30 元/件，最大存储能力为 6000 件、7000 件；工厂 2 的 2 个仓库固定运营成本分别为 6、7 万元，单位可变运营成本分别为 10 元/件、12 元/件，单位存储成本均为 25 元/件，最大存储能力分别 7000 件、8000 件。3 个备选分销中心，中心 1 固定运营成本 10 万元，单位产品可变库存成本为 10 元/件，单位存储成本 27 元/件，存储能力为 25000 件；中心 2 固定运营成本 9 万元，单位产品可变库存成本 15 元/件，单位存储成本为 25 元/件，存储能力为 20000 件；中心 3 固定运营成本 6 万元，单位产品可变库存成本 16 元/件，单位存储成本 24 元/件，存储能力为 10000 件。引入期、成长期、成熟期各阶段订货时间间隔分别为(80,60,36)小时，假设引入期、成长期、成熟期各包含 2 个小周期，引入期、成长期、成熟期各阶段周期交货提前期分别为(55,50)、(40,36)、(24,20)小时。与模型有关的其余参数见表 5-1 至表 5-5。

表 5-1 不同阶段各周期市场产品需求量表

周期	引入期			成长期			成熟期		
	I_1	I_2	I_3	I_1	I_2	I_3	I_1	I_2	I_3
1	500	750	1000	3000	2400	2000	4500	4000	7000
2	900	1200	1500	3600	3000	2500	7500	6000	9000

表 5-2 不同阶段各周期市场产品销售价格表

周期	引入期			成长期			成熟期		
	I_1	I_2	I_3	I_1	I_2	I_3	I_1	I_2	I_3
1	1600	1600	1600	1450	1450	1450	1050	1050	1050
2	1550	1550	1550	1350	1350	1350	1000	1000	1000

第5章 创新产品多阶段动态供应链网络协同优化

表5-3 由工厂 *K* 到市场 *I* 固定运输成本、单位运输成本、运输时间表

工厂		I_1	I_2	I_3
引入期	K_1	36000/25/29	45600/40/21	18000/38/10
	K_2	55200/44/24	48000/36/22	43200/50/36
成长期	K_1	30000/25/29	53000/37/21	32000/45/10
	K_2	60000/40/24	40000/29/22	43000/49/36

表5-4 由工厂 *K* 到分销中心 *J* 的固定运输成本、单位运输成本、运输时间表

成熟期	J_1	J_2	J_3
K_1	16500/49/5	20900/42/3	17600/30/7
K_2	25300/50/7	22000/26/5	19800/38/4

表5-5 由分销中心 *J* 到市场 *I* 固定运输成本、单位运输成本、运输时间表

成熟期	J_1	J_2	J_3
I_1	19500/26/10	24700/33/20	9750/29/12
I_2	30000/21/17	23400/49/16	13000/42/15
I_3	29900/37/7	29000/30/16	27950/29/14

5.2.5.1 整体优化求解结果

根据以上信息,在 CPU Celeron(R) 为 2.40GHz、内存为 512MB 运行环境下,利用 LINGO 9.0 编程求解,目标函数的最优值 $H* = 19584538$ 元,表5-6 为结构决策变量计算结果。

表5-6 结构变量 X_{kt}^n、$X_{k_i t}^n$、$V_{w_k t}^n$、U_{jt}^n 优化结果

X_{11}^1	X_{21}^1	X_{12}^1	X_{22}^1	X_{21}^2	X_{22}^2	X_{11}^2	X_{12}^2	$V_{I_2 1}^2$	$V_{I_2 2}^2$
1	1	1	1	1	1	1	1	1	1
X_{11}^3	X_{21}^3	X_{12}^3	X_{22}^3	U_{21}^3	U_{31}^3	U_{12}^3	U_{22}^3	U_{32}^3	其他
1	1	1	1	1	1	1	1	1	0

5.2.5.2 优化结果比较

在上述运行环境下分别进行分阶段优化求解和单一模式下整体优化(订单式生产整体优化、组装式生产整体优化、库存式生产整体优化)求解,

其结构变量优化结果如表 5-7 到表 5-10 所示。

表 5-7 分阶段优化结构变量 X_{kt}^n、X_{kt}^n、$V_{w_kt}^n$、U_{jt}^n 优化结果

X_{11}^1	X_{21}^1	X_{12}^1	X_{22}^1	X_{11}^2	X_{21}^2	X_{12}^2	X_{22}^2	X_{11}^2	X_{21}^2	X_{22}^2	$V_{1_11}^2$	$V_{2_11}^2$	$V_{1_21}^2$
1	1	1	1	1	1	1	1	1	1	1	1	1	1

$V_{2_21}^2$	$V_{1_12}^2$	$V_{2_12}^2$	$V_{1_22}^2$	$V_{2_22}^2$	X_{11}^3	X_{21}^3	X_{12}^3	X_{22}^3	U_{21}^3	U_{31}^3	U_{12}^3	U_{22}^3	U_{32}^3	其他
1	1	1	1	1	1	1	1	1	1	1	1	1	1	0

表 5-8 订单式生产整体优化结构变量 X_{kt}^1 优化结果

X_{11}^1	X_{21}^1	X_{12}^1	X_{22}^1	X_{13}^1	X_{23}^1	X_{14}^1	X_{24}^1	X_{15}^1	X_{25}^1	X_{16}^1	X_{26}^1
1	1	1	1	1	1	1	1	1	1	1	1

表 5-9 组装式生产整体优化结构变量 X_{kt}^2、X_{kt}^2、$V_{w_kt}^2$ 优化结果

X_{11}^2	X_{21}^2	X_{22}^2	X_{12}^2	$V_{2_22}^2$	X_{22}^2	X_{13}^2	X_{23}^2	$V_{1_13}^2$	$V_{2_23}^2$	X_{13}^2	X_{23}^2	X_{24}^2	$V_{2_24}^2$
1	1	1	1	1	1	1	1	1	1	1	1	1	1

X_{24}^2	X_{15}^2	X_{25}^2	$V_{1_15}^2$	$V_{2_25}^2$	X_{15}^2	X_{25}^2	X_{16}^2	X_{26}^2	$V_{1_16}^2$	$V_{2_26}^2$	X_{16}^2	X_{26}^2	其他
1	1	1	1	1	1	1	1	1	1	1	1	1	0

表 5-10 库存式生产整体优化结构变量 X_{kt}^3、U_{jt}^3 优化结果

X_{11}^3	X_{21}^3	X_{12}^3	U_{31}^3	U_{32}^3	X_{13}^3	X_{23}^3	X_{14}^3	X_{24}^3	U_{23}^3	U_{24}^3
1	1	1	1	1	1	1	1	1	1	1

U_{34}^3	X_{15}^3	X_{25}^3	X_{16}^3	X_{26}^3	U_{25}^3	U_{35}^3	U_{26}^3	U_{36}^3	其他
1	1	1	1	1	1	1	1	1	0

为了说明分阶段整体优化模型的有效性及优化效果，从两个方面对求解结果进行比较：

①与三个阶段均采用同一种生产模式（订单式生产、组装式生产、库存式生产）优化结果进行比较；

②与分阶段优化结果进行比较。求解结果如图 5-3～图 5-4 所示，其中图 5-3 为不同优化策略下整个生命周期利润的比较，图 5-4 为不同生产模式下各阶段利润值比较。

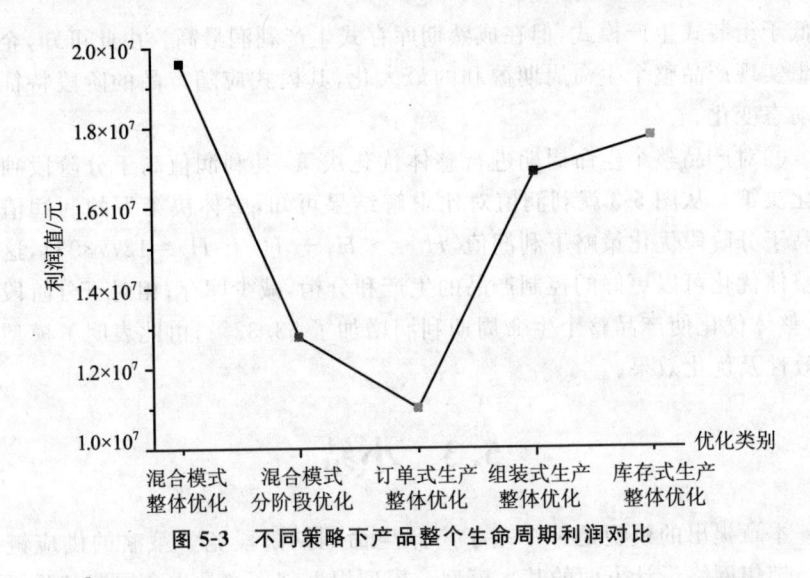

第 5 章 创新产品多阶段动态供应链网络协同优化

图 5-3 不同策略下产品整个生命周期利润对比

图 5-4 不同生产模式下各阶段利润对比

通过对图 5-3 和图 5-4 分析可以得出以下结论:

①单一模式难以实现产品整个生命周期盈利最大化,必定是多种生产模式的组合。从图 5-3 就整个产品生命周期利润值来看,混合模式整体优化为四者中最高,订单式生产为最低。从图 5-4 由同一生产模式在不同阶段其利润值排序来看,组装式生产模式在引入期、成长期均为最高,在成熟期却远低于库存式生产;而库存式生产模式在引入期为四者中最低,在成长

期低于组装式生产模式,但在成熟期库存式生产利润最高。由此可知,企业若想实现产品整个生命周期盈利的最大化,其模式应随产品的阶段特征进行动态变化。

②对产品整个生命周期进行整体优化决策,其利润值高于分阶段独立优化决策。从图 5-3 就利润值对比求解结果可知,整体决策下的利润值明显高于分阶段优化策略下利润值,$H* > H_1 + H_2 + H_3 = 12773931$,这说明整体优化可以更好的控制产品的生产和分销,减少库存;相对于分阶段优化,整体优化使产品整个生命周期利润增加了 53.32%,由此表明了模型的有效性及优化效果。

5.3 小结

本章提出的模型是一个基于产品生命周期阶段竞争策略的供应链生产—销售网络设计方面的基本模型。模型根据创新产品生命周期各阶段的供应链模式,通过响应时间建立了贯穿整个产品生命周期的动态规划模型,模型考虑了各个阶段的生产成本/时间、运输成本/时间、缺货成本、销售价格等因素,以整个生命周期内盈利最大化为优化目标。模型根据需要可以进行多方面的扩展:①该模型是一个生产—模型,未考虑原材料供应商;②该模型是以产品生命周期内盈利最大为目标,也可以以产品生命周期内各种设施的投资和运营成本之和最小为目标,或者在目标函数中同时考虑成本和收益,从而构建多目标优化模型。

第 6 章　创新产品全生命周期供应链网络协同优化

6.1　引言

随着全球经济一体化的深入,市场竞争日益加剧,顾客满意成为电子企业赢得市场求得生存的决定因素,企业希望通过供应链有效运作实现客户满意水平与利润的全面提高[231];供应链设计决策是影响供应链有效运作的最重要因素,在面临易逝性电子产品生命周期阶段需求特征高度动态变化环境下,单一供应链运作策略已不适合市场竞争,供应链应根据产品阶段需求变化而快速动态重构[232,233]。

许多学者从客户角度出发研究供应链整体优化问题[234~239]。文献[233]在研究中发现,供应链成本与客户服务水平是一对矛盾的决策变量,一般收益较高的供应链其客户服务水平相对较低,于是提出建立多目标供应链的设计思想,获取权衡众多决策目标的均衡供应链设计方案。文献[234]通过模糊综合评价法分析分销网络中各个待选企业的服务水平,建立了包含成本、顾客服务水平和对市场响应速度三个目标的供应链分销网络模型。文献[235]基于客户满意度的在线大规模定制产品族规模优化方法将产品在线定制和需求偏好满足相结合,充分考虑价格对顾客偏好的影响。文献[236]引入供应链收益和客户服务水平决策变量,分析运用多目标随机 MILP 模型研究供应链优化设计问题。文献[237]从大型煤炭供应链的角度出发,建立同时考虑煤炭企业整体利润和客户满意度的多目标决策模型,集成了供应链供产销的决策问题。文献[238]将客户对各种产品的期望满意度做为决策变量,以供应链总利润最大为目标建立供应链混合整数规划模型。上述文献或将满意度作为优化目标函数[234,235],或将其做为决策变量[236~238],但均忽略了满意度的动态变化。对企业而言,很难做到所有阶段均满足客户要求,因此,企业必需要对产品阶段满意度间的影响加以考虑,如产品引入期顾客满意度对产品成长期需求量的影响,通过对阶段满意度的优化实现产品整个生命周期盈利最大化。另一方面,现有文献主要根据产品特性对单一运作模式下的供应链网络进行优化,往往忽略了产品阶段需求特征变化。由于供应链模式的选择与产品竞争策略紧密相关,而竞争策略随产品生命周期阶段需求特征动态变化,因此,供应链运作模式应随产品生命周期阶段动态变化。

与以往研究不同,依据易逝性电子产品生命周期阶段需求特征的不同构建各阶段供应链网络优化模型,将阶段顾客满意度作为决策变量,同时考虑阶段满意度变化对产品需求的影响,通过贯穿整个生命周期的响应时间建立基于产品阶段顾客满意度的动态优化模型以实现产品整个生命周期(而非生命周期某一阶段)盈利最大化。

6.2 问题描述

6.2.1 问题描述与假设

易逝性电子产品市场需求具有明显的阶段需求动态变化特征[239],在这种高度变化的动态环境下,供应链应根据需求变化而快速动态重构,因而,在易逝性电子产品网络设计中首先需要考虑由于阶段需求差异性导致各阶段优化结构存在的明显区别。同时,由于阶段满意度的延续性,因而必须考虑各个阶段之间的相互影响,通过优化各阶段满意度值实现产品整个生命周期盈利最大化。为此,做如下假设:

①需求量与满意度成正比,满意度按照 Parasuraman A 等提出的 7 点标定法标定为非常满意、满意、稍满意,对应数值分别为 7、6、5[240];
②满意度与产品质量(生产成本)、客户服务水平相关;
③同阶段各市场销售价格相同且已知;
④各工厂的生产能力已知,产品生产时间与生产量成线性关系,产品运输只能选择一种运输方式;
⑤各种设施的能力及运营成本、运输成本、运输时间等已知。

6.2.2 参数确定

(1)上下标

i 表示产品销售市场,$i \in \{1,2,\cdots I\}$;

j 表示可能进行成品存储的分销中心,$j \in \{1,2\cdots J\}$;

k 表示可能进行生产的工厂,$k \in \{1,2,\cdots K\}$;

w_k 表示工厂 k 进行半成品存储的自有仓库,$w_k \in \{1_k, 2_k, \cdots W_k\}, k \in K$;

m 表示可能选择的运输方式,$m \in \{1,2,\cdots M\}$;

n 表示产品生命周期阶段,$n = 1,2,3$;

(2)能力参数

CP_k^n 表示在生命周期 n 阶段工厂 k 最大生产能力;

CD_j^n 表示在生命周期 n 阶段分销中心 j 储存能力;

$CSP_{w_k}^n$ 表示在生命周期 n 阶段工厂仓库 w_k 的存储能力;

CT_m^n 表示在生命周期 n 阶段运输方式 m 运输能力;

(3)费用参数

cfp_k^n 表示在生命周期 n 阶段工厂 k 产品固定生产成本;

cvp_k^n 表示在生命周期 n 阶段工厂 k 单位产品可变生产成本;

cvl_k^n 表示在生命周期 n 阶段工厂 k 单位部件可变生产成本;

$cvr_{w_k}^n$ 表示在生命周期 n 阶段对工厂仓库 w_k 单位部件再加工成本;

$cfs_{w_k}^n$ 表示在生命周期 n 阶段工厂仓库 w_k 固定运行成本;

$cvv_{w_k}^n$ 表示在生命周期 n 阶段周期 t 仓库 w_k 单位部件可变运行成本;

cfs_j^n 表示在生命周期 n 阶段分销中心 j 固定运行成本;

cvs_j^n 表示在生命周期 n 阶段分销中心 j 单位产品可变运行成本;

cft_{kim}^n 表示在生命周期 n 阶段产品由工厂 k 到市场 i 由运输方式 m 运输所需固定成本;

cvt_{kim}^n 表示在生命周期 n 阶段单位产品由工厂 k 到市场 i 由运输方式 m 运输的可变成本;

cft_{kjm}^n 表示在生命周期 n 阶段产品由工厂 k 到分销中心 j 由方式 m 运输所需固定成本;

cvt_{kjm}^n 表示在生命周期 n 阶段单位产品由工厂 k 到分销中心 j 由方式 m 运输可变成本;

cft_{jim}^n 表示在生命周期 n 阶段产品由分销中心 j 到市场 i 由方式 m 运输所需固定成本;

cvt_{jim}^n 表示在生命周期 n 阶段单位产品由分销中心 j 到市场 i 由方式 m 运输可变成本;

cs_i^n 表示在生命周期 n 阶段在市场 i 单位产品缺货成本;

(4)时间参数

t_k^n 表示在生命周期 n 阶段工厂 k 单位产品生产所需时间;

tp_k^n 表示在生命周期 n 阶段工厂 k 单位半成品生产所需时间;

$trp_{w_k}^n$ 表示在生命周期 n 阶段工厂 k 对工厂仓库 w_k 单位半成品再加工所需要的时间;

t_{kim}^n 表示在生命周期 n 阶段产品由工厂 k 到市场 i 通过运输方式 m 所需运输时间;

t_{kjm}^n 表示在生命周期 n 阶段产品由工厂 k 到分销中心 j 通过运输方式

m 所需运输时间;

t_{jim}^{n} 表示在生命周期 n 阶段产品由分销中心 j 到市场 i 通过运输方式 m 所需运输时间;

$t_{i}^{n,n+1}$ 表示在生命周期 n、$n+1$ 相邻阶段市场 i 订货时间间隔;

tr_{i}^{n} 表示在生命周期 n 阶段市场 i 对产品要求的交货时间;

rt_{k}^{n} 表示在生命周期 n 阶段工厂 k 响应时间;

(5)其他参数

D_{i}^{n} 表示在生命周期 n 阶段市场 i 产品基本需求量;

Pc^{n} 表示在生命周期 n 阶段市场产品销售价格;

η^{n} 表示周期 n 阶段市场最低服务水平;

(6)0-1 变量

X_{k}^{n} 表示在生命周期 n 阶段工厂 k 是否进行生产的 0-1 变量;

Y_{kim}^{n} 表示在生命周期 n 阶段工厂 k 到市场 i 运输方式 m 是否使用的 0-1 变量;

Z_{kjm}^{n} 表示在生命周期 n 阶段工厂 k 到分销中心 j 运输方式 m 是否使用的 0-1 变量;

F_{jim}^{n} 表示在生命周期 n 阶段产品由分销中心 j 到市场 i 运输方式 m 是否使用 0-1 变量;

$V_{w_k}^{n}$ 表示在生命周期 n 阶段工厂仓库 w_k 是否使用的 0-1 变量;

U_{j}^{n} 表示在生命周期 n 阶段分销中心 j 是否使用的 0-1 变量;

(7)决策变量

e^{n} 表示在生命周期 n 阶段市场对产品的满意度;

x_{k}^{n} 表示在生命周期 n 阶段工厂 k 产品生产量;

xt_{k}^{n} 表示在生命周期 n 阶段工厂 k 产品生产时间,$xt_{kt}=t_{kt}x_{kt}$;

xp_{k}^{n} 表示在生命周期 n 阶段工厂 k 半成品生产量;

xtp_{k}^{n} 表示在生命周期 n 阶段 t 工厂 k 半成品生产时间;

$xp_{w_k}^{n}$ 表示在生命周期 n 阶段在工厂仓库 w_k 半成品的入库量;

$xrp_{w_k}^{n}$ 表示在生命周期 n 阶段对工厂仓库 w_k 半成品的出库再加工量;

trp_{k}^{n} 表示在生命周期 n 阶段工厂 k 半成品的再加工时间;

y_{kim}^{n} 表示在生命周期 n 阶段工厂 k 到市场 i 通过运输方式 m 的运输量;

z_{kjm}^{n} 表示生命周期 n 阶段工厂 k 到分销中心 j 通过运输方式 m 运输量;

f_{jim}^{n} 表示生命周期 n 阶段分销中心 j 到市场 i 通过运输方式 m 运输量;

ζ_{i}^{n} 表示在生命周期 n 阶段市场 i 的缺货量。

6.3 模型建立与求解

考虑阶段需求差异性导致网络结构的阶段区别,首先,根据产品生命周期阶段构建各阶段优化模型;以阶段满意度、响应时间将各阶段模型转换为相互联系的三阶段动态优化模型,以整个产品生命周期盈利最大为目标函数。

6.3.1 引入期模型

引入期生产—分销网络由工厂、市场构成,目标函数考虑引入期满意度、产品生产成本、运输成本。

1) 以产品引入期盈利最大为目标函数

$$Max\ H_1 = \sum_{i=1}^{I} Pc^1(D_i^1 e^1 - \zeta_i^1) - \sum_{k=1}^{K}(cfp_k^1 X_k^1 + e^1 cvp_k^1 x_k^1)$$
$$- \sum_{m=1}^{M}\sum_{k=1}^{K}\sum_{i=1}^{I}(cft_{kim}^1 Y_{kim}^1 + cvt_{kim}^1 y_{kim}^1) - \sum_{i=1}^{I} cs^1 \zeta_i^1 \quad (6-1)$$

2) 产品响应时间满足市场要求,即

$$xt_k^1 + \sum_{m=1}^{M} Y_{kim}^1 t_{kim}^1 \leqslant tr_i^1 \quad \forall k, i \quad (6-2)$$

3) 产品生产、运输量守恒,即

$$\sum_{m=1}^{M}\sum_{i=1}^{I} Y_{kim}^1 y_{kim}^1 = x_k^1 \quad \forall k \quad (6-3)$$

$$\sum_{m=1}^{M}\sum_{k=1}^{K} Y_{kim}^1 y_{kim}^1 = e^1 D_i^1 - \zeta_i^1 \quad \forall i \quad (6-4)$$

4) 产品供需之间只能选择一种方式进行运输,即

$$\sum_{m=1}^{M} Y_{kim}^1 \leqslant 1 \quad \forall k, i \quad (6-5)$$

5) 能力限制约束,即

$$x_k^1 \leqslant X_k^1 CP_k^1 \quad \forall k \quad (6-6)$$

$$y_{kim}^1 \leqslant Y_{kim}^1 CT_{kim}^1 \quad \forall k, i, m \quad (6-7)$$

6) 各个变量取值范围,即

$$x_k^1, y_{kim}^1, \zeta_i^1 \geqslant 0 \quad \forall p, i, j, k, w, m \quad (6-8)$$

6.3.2 成长期模型

成长期生产—分销网络由工厂、工厂仓库、市场构成。目标函数考虑成长期满意度、产品生产成本、再加工成本、仓储成本、运输成本。

1)以产品成长期盈利最大为目标函数

$$Max\ H_2 = \sum_{i=1}^{I} Pc^2(D_i^2 e^2 - \zeta_i^2) - \sum_{k=1}^{K}(cfp_k^2 X_k^2 + e^2 cvl_k^2 xp_k^2)$$
$$- \sum_{k=1}^{K}\sum_{w=1}^{W} e^2 cvr_{w_k}^2 xrp_{w_k}^2 - \sum_{k=1}^{K}\sum_{w=1}^{W}(cfs_{w_k}^2 V_{w_k}^2 + xp_{w_k}^2 cvv_{w_k}^2)$$
$$- \sum_{m=1}^{M}\sum_{k=1}^{K}\sum_{i=1}^{I}(cft_{kim}^2 Y_{kim}^2 + cvt_{kim}^2 y_{kim}^2) - \sum_{i=1}^{I} cs^2 \zeta_i^2 \quad (6-9)$$

2)产品响应时间满足市场要求,即

$$xtp_k^2 \leqslant t_i^{1,2} - xt_k^1 \quad \forall k, i \quad (6-10)$$

$$trp_k^2 + \sum_{m=1}^{M} Y_{kim}^2 t_{kim}^2 \leqslant tr_i^2 \quad \forall k, i \quad (6-11)$$

3)产品生产、运输、需求量守恒,即

$$\sum_{w=1}^{W} xp_{w_k}^2 = \sum_{w=1}^{W} xrp_{w_k}^2 = xp_k^2 \quad \forall k \quad (6-12)$$

$$\sum_{m=1}^{M}\sum_{i=1}^{I} Y_{kim}^2 y_{kim}^2 = xp_k^2 \quad \forall k \quad (6-13)$$

$$\sum_{m=1}^{M}\sum_{k=1}^{K} Y_{kim}^2 y_{kim}^2 = e^2 D_i^2 - \zeta_i^2 \quad \forall i \quad (6-14)$$

4) 产品供需之间只能选择一种方式进行运输,即

$$\sum_{m=1}^{M} Y_{kim}^2 \leqslant 1 \quad \forall k, i \quad (6-15)$$

5)能力限制约束,即

$$xp_k^2 \leqslant X_k^2 CP_k^2 \quad \forall k \quad (6-16)$$

$$xp_{w_k}^2 \leqslant V_{w_k}^2 CSP_{w_k}^2 \quad \forall k, w \quad (6-17)$$

$$y_{kim}^2 \leqslant Y_{kim}^2 CT_{kim}^2 \quad \forall k, i, m \quad (6-18)$$

6)各个变量取值范围,即

$$xp_k^2, xp_{w_k}^2, xrp_{w_k}^2, w_{pw_k}^2, y_{kim}^2, \zeta_i^2 \geqslant 0 \quad \forall p, i, j, k, w, m \quad (6-19)$$

6.3.3 成熟期模型

成熟期生产—分销网络由工厂、分销中心、市场构成,目标函数主要考虑成熟期满意度、产品生产成本、分销中心运行成本及存储成本、运输成本。

1)以产品成熟期盈利最大为目标函数

$$Max\ H_3 = \sum_{i=1}^{I} Pc^3(D_i^3 e^3 - \zeta_i^3) - \sum_{k=1}^{K}(cfp_k^3 X_k^3 + e^3 cvp_k^3 x_k^3)$$
$$- \sum_{m=1}^{M}\sum_{k=1}^{K}\sum_{j=1}^{J}(cft_{kjm}^3 Z_{kjm}^3 + cvt_{kjm}^3 z_{kjm}^3) - \sum_{j=1}^{J}(cfs_j^3 U_j^3 + \sum_{m=1}^{M}\sum_{k=1}^{K} z_{kjm}^3 cvs_j^3)$$

$$-\sum_{m=1}^{M}\sum_{j=1}^{J}\sum_{i=1}^{I}(cft_{jim}^3 F_{jim}^3 + cvt_{jim}^3 f_{jim}^3) - \sum_{i=1}^{I} cs^3 \zeta_i^3 \qquad (6\text{-}20)$$

2)产品响应时间满足市场要求,即

$$xt_k^3 + \sum_{m=1}^{M} Z_{kjm}^3 t_{kjm}^3 \leqslant t_i^{2,3} - xrtp_k^2 \quad \forall k,j,i \qquad (6\text{-}21)$$

$$\sum_{m=1}^{M} F_{jim}^3 t_{jim}^3 \leqslant tr_i^3 \quad \forall j,i \qquad (6\text{-}22)$$

3)产品生产、运输、存储及需求量守恒,即

$$x_k^3 = \sum_{m=1}^{M}\sum_{j=1}^{J} Z_{kjm}^3 z_{kjm}^3 \quad \forall k \qquad (6\text{-}23)$$

$$\sum_{m=1}^{M}\sum_{i=1}^{I} F_{jim}^3 f_{jim}^3 = \sum_{m=1}^{M}\sum_{k=1}^{K} Z_{kjm}^3 z_{kjm}^3 \quad \forall j \qquad (6\text{-}24)$$

$$\sum_{m=1}^{M}\sum_{j=1}^{J} F_{jim}^3 f_{jim}^3 = e^3 D_i^3 - \zeta_i^3 \quad \forall i \qquad (6\text{-}25)$$

4)产品供需之间只能选择一种方式进行运输,即

$$\sum_{m=1}^{M} Z_{kjm}^3 \leqslant 1 \quad \forall k,j \qquad (6\text{-}26)$$

$$\sum_{m=1}^{M} F_{jim}^3 \leqslant 1 \quad \forall j,i \qquad (6\text{-}27)$$

5)能力限制约束,即

$$x_k^3 \leqslant X_k^3 CP_k^3 \quad \forall k \qquad (6\text{-}28)$$

$$\sum_{m=1}^{M}\sum_{k=1}^{K} Z_{kjm}^3 z_{kjm}^3 \leqslant U_j^3 CD_j^3 \quad \forall j \qquad (6\text{-}29)$$

$$z_{kjm}^3 \leqslant Z_{kjm}^3 CT_{kjm}^3 \quad \forall k,j,m \qquad (6\text{-}30)$$

$$f_{jim}^3 \leqslant F_{jim}^3 CT_{jim}^3 \quad \forall j,i,m \qquad (6\text{-}31)$$

6)各个变量取值范围,即

$$x_k^3, z_{kjm}^3, f_{jim}^3, u_j^3, \zeta_i^3 \geqslant 0 \quad \forall p,i,j,k,w,m \qquad (6\text{-}32)$$

6.3.4 整体优化模型建立与求解

考虑各阶段满意度间的相互影响,各阶段满意度动态性表示为:

$$\begin{cases} e^{n+1} < e^n, \zeta_i^n > D_i^n e^n \eta^n \\ e^{n+1} \geqslant e^n, \zeta_i^n \leqslant D_i^n e^n \eta^n \end{cases} \quad \forall i, n = 1,2 \qquad (6\text{-}33)$$

$$e^n = [5,6,7] \quad n = 1,2,3 \qquad (6\text{-}34)$$

由此可得融合阶段满意度的整个产品生命周期产销协同网络优化模型,其目标函数为式(6-35)所示,约束条件为各阶段约束及式(6-33)~式(6-34)组成。

$$Max\ H = Max(H_1 + H_2 + H_3) \tag{6-35}$$

该模型是 0-1 混合整数非线性规划模型,可利用传统的求解非线性规划的方法如分枝定界法、格朗日算子法求解。LINGO 软件是一种专门用于求解最优化模型的软件包,具有执行速度快,易于求解和分析等特点,是求解组合优化的理想软件。以 LINGO 9.0 软件为基础,在 CPU Celeron(R) 2.40GHz、内存 1GB 运行环境下运行,针对模型设计程序求解。

6.4 数值仿真

已知由 2 个备选生产工厂,3 个备选分销中心和 3 个消费市场组成的分销网络。工厂固定运营成本分别为 45、50 万元;引入期两工厂最大生产能力分别为 2000 和 3000 件,单位产品基本可变生产成本分别为 120 和 115 元/件,生产效率分别为 1.2 和 1.0 小时/100 件;成长期两工厂最大生产能力为 6000 和 7000 件,半成品单位基本可变生产成本为 56 和 54 元/件,生产效率分别为 0.6 和 0.5 小时/100 件,半成品单位基本可变再加工成本为 49 和 47 元/件,半成品再加工效率分别为 0.2 和 0.16 小时/100 件;成熟期两工厂最大生产能力分别为 15000 和 20000 件,单位产品基本可变生产成本分别为 85 和 82 元/件,单位产品生产效率为 0.21 和 0.19 小时/100 件。每个备选生产工厂分别有 2 个存储仓库,固定运营成本分别为 (5,6) 和 (6,7) 万元,单位可变运营成本分别为 (12,14) 和 (10,12) 元/件,单位存储成本为 (30,30) 和 (25,25) 元/件,工厂仓库最大存储能力分别 (6000,7000) 和 (7000,8000) 件;3 个备选分销中心固定运营成本分别为 10、9 和 6 万元,单位产品可变库存成本分别为 10、15 和 16 元/件,存储能力分别为 25000、20000 和 10000 件,单位存储成本为 27、25 和 24 元/件;有 F、L 两种备选运输方式;引入期、成长期、成熟期各阶段交货提前期分别为 63、42、26 小时,假设引入期、成长期、成熟期相邻阶段订货时间间隔为 90、50 小时;引入期、成长期、成熟期各阶段产品销售价格分别为 1800、1500、1050 元/件,单位产品缺货损失分别为 1200、1000 和 800 元/件。顾客需求量=基本需求量×顾客满意度 e^n;产品生产成本=基本可变生产成本×顾客满意度 e^n,其中基本需求量、基本可变生产成本均为已知。模型中其他参数如表 6-1～表 6-10 所示。

第6章 创新产品全生命周期供应链网络协同优化

表6-1 生命周期各阶段市场基本需求量

生命周期	市场1	市场2	市场3
引入期	300	200	210
成长期	400	450	420
成熟期	700	800	750

表6-2 经运输方式 F(斜杠前)、L(斜杠后)由工厂到市场
固定运成本(逗号前)和单位可变运输成本(逗号后)

工厂		消费市场1	消费市场2	消费市场3
引入期	工厂1	30000,26/15000,21	38000,33/53000,38	15000,49/32000,32
	工厂2	46000,42/6000,37	40000,29/20000,30	43000,50/36000,30
成长期	工厂1	30000,25/15000,19	38000,31/53000,37	15000,45/32000,31
	工厂2	46000,41/6000,36	40000,28/20000,29	43000,49/36000,28

表6-3 经运输方式 F(斜杠前)、L(斜杠后)由工厂到分销中心
固定运输成本(逗号前)和单位可变运输成本(逗号后)

工厂		分销中心1	分销中心2	分销中心3
成熟期	工厂1	16500,49/8250,32	20900,42/29150,37	8250,29/17600,30
	工厂2	25300,50/33000,30	22000,26/11000,21	23650,33/19800,38

表6-4 经运输方式 F(斜杠前)、L(斜杠后)由分销中心到市场
固定运输成本(逗号前)和单位可变运输成本(逗号后)

分销中心		消费市场1	消费市场2	消费市场3
成熟期	中心1	19500,26/9750,21	30000,21/36500,33	29900,37/39000,29
	中心2	24700,33/34450,38	19500,38/23400,49	26000,30/13000,50
	中心3	9750,29/20800,26	29000,32/13000,42	27900,30/23400,29

表6-5 经运输方式 F(斜杠前)、L(斜杠后)由工厂到市场运输时间

工厂		消费市场1	消费市场2	消费市场3
引入期	工厂1	19/24	19/27	10/18
	工厂2	18/21	12/22	21/20
成长期	工厂1	19/24	19/27	10/18
	工厂2	18/21	12/22	21/20

表6-6 经运输方式 F(斜杠前)、L(斜杠后)由工厂到分销中心运输时间

工厂		分销中心1	分销中心2	分销中心3
成熟期	工厂1	4/5	3/4	7/8
	工厂2	7/6	5/7	4/3

表6-7 经运输方式 F(斜杠前)、L(斜杠后)由分销中心到市场运输时间

分销中心		消费市场1	消费市场2	消费市场3
成熟期	中心1	10/12	17/22	7/18
	中心2	20/18	16/18	16/12
	中心3	12/14	15/17	14/16.5

表6-8 经运输方式 F(斜杠前)、L(斜杠后)由工厂到市场运输能力

工厂		消费市场1	消费市场2	消费市场3
引入期	工厂1	1600/1200	2000/1200	2000/1200
	工厂2	1200/2000	1600/2000	1600/2000
成长期	工厂1	5200/3900	6500/3900	6000/3900
	工厂2	5100/6500	5200/6500	5200/7500

表6-9 经运输方式 F(斜杠前)、L(斜杠后)由工厂到分销中心运输能力

工厂		分销中心1	分销中心2	分销中心3
成熟期	工厂1	10000/7500	12500/7500	12500/7500
	工厂2	7500/12500	10000/12500	10000/12500

表6-10 经运输方式 F(斜杠前)、L(斜杠后)由分销中心到市场运输能力

分销中心		消费市场1	消费市场2	消费市场3
成熟期	中心1	10000/8000	8000/15000	10000/9000
	中心2	7000/8000	12000/15000	15000/8000
	中心3	6000/8000	12000/15000	10000/10000

第6章 创新产品全生命周期供应链网络协同优化

6.4.1 计算结果

根据以上信息,利用Lingo9.0编程求解,在CPU Celeron(R) 2.40GHz、内存1GB环境下运行,得到目标函数最优值:$Z=14976552$元,各阶段满意度为:$e^1=7, e^2=7, e^3=6$。

6.4.2 灵敏度分析

在以上算例的基础上,从产能比和价格变化两个方面来考虑其对阶段满意度的影响。由表6-11可以看出,随着市场基本需求量的增加,客户满意度呈下降趋势。主要有以下两个原因:一是由于在一定产能下,随着基本需求量的增加会出现供小于求的情况,在这种情况下,企业处于优势地位,在产能无法增加的前提下,企业有可能通过降低阶段满意度(降低生产成本)来增加盈利;另一方面则是由于响应时间难以满足要求而造成的阶段满意度降低。

表6-11 基本需求对满意度的影响

10%			20%			30%			40%		
e^1	e^2	e^3	e^1	e^2	e^3	e^1	e^2	e^3	e^1	e^2	e^3
6	6	6	6	6	6	6	5	5	5	5	5

价格的变化对阶段顾客满意度的影响更加明显,尤其是在成长期、成熟期阶段,如表6-12所示。当产品销售价格以5%的比例降低时,阶段满意度也随之下降。这主要是由于产品进入成长期、成熟期以后,产品品种增多,竞争者增加,产品处于激烈竞争状况,消费者对价格相当敏感,因此,产品价格不得不下调。这样,企业利润就会受到很大的影响,在单位产品生产成本难以降低的情况下,企业会通过降低阶段满意度来实现单一产品整个生命周期阶段盈利的最大化。以上分析与实际相符,由此也证明了该模型的有效性;当然,该模型仅考虑了单一产品的阶段性,因而具有一定的局限性。

表6-12 产品售价对满意度的影响

−5%			−10%			−15%			−20%		
e^1	e^2	e^3	e^1	e^2	e^3	e^1	e^2	e^3	e^1	e^2	e^3
7	5	5	7	5	5	6	5	5	6	5	5

6.5 小结

针对易逝性电子产品的阶段需求特征,从物流成本角度出发,将阶段顾客满意度作为决策变量融入到物流成本结构内,在综合考虑了产品不同阶段的生产成本、运输成本、仓库租赁成本以及销售价格的基础上建立了基于阶段满意度的动态供应优化模型;结果表明,在一定的顾客满意度下以供应链利润最大化为优化目标,不仅供应链可以获得理想的利润值,而且顾客满意度也能克服设定约束而达到更高值,这与现实情况相符,同时也验证了模型的有效性。

第7章 新老创新产品共存环境下供应链网络协同优化

7.1 引言

创新产品之所以能获得消费者青睐,常常是因为产品所带来的独特性。但这种独特性常常比较短暂,原因有很多:例如竞争对手可能会很快获得同样技术创造出同类产品或者替代性很强的产品,迫使企业不得不转向应用更新的技术,从而造成创新产品的易逝性。对于企业来讲,只有不断推陈出新,对产品进行更新换代,才能保证长期稳定的高收益。

许多创新产品相关文献都会围绕着其易逝性特点和产品生命周期展开研究。汪文忠运用数学分析方法揭示了划分高技术产品生命周期模型各阶段的分界点及各阶段的特征,为高新技术企业决策提供理论依据[241]。

孙玉玲和周晶考虑了随机需求下新、老两代创新产品的生产规模决策模型,其中引入了贴现率作为剩余产品处理方法,通过数值分析得出新老两代产品的需求密度和贴现率对最优生产规模的影响[204]。

王永朵和鲁若愚就易逝性创新产品更新问题展开了系列研究,分别建立了易逝性创新产品更新过程的相关决策模型[242]。

柳键运用博弈方法对包含一个制造商和配送商的创新产品链的协调决策及协调机制作了探讨,分析了时间对协调决策价值的影响[243]。

官振中等基于创新产品收益管理跟传统收益管理的不同,研究了多代易逝性创新产品收益管理问题[205],并在后续研究中讨论了随机需求环境下完全向下替代的两代易逝品订货策略,对模型的最优条件和性质进行了证明[244]。

罗利等针对存在需求转移的易逝性产品,在需求不确定的情况下,提出老产品的定价策略,以使企业获得最大的收入[245]。

杨慧和周晶则基于产品易逝和新老产品共存两个特征,提出了易逝性创新产品更新换代期的定价策略[246]。

以上文献针对创新产品的生产、分销、库存、定价等问题展开了多方位探讨,但这些研究多是从创新产品制造商的角度进行研究,而鲜有文献从

"新、老多产品"的角度对供应链的生产—分销集成展开讨论。基于以上分析,建立了带有时变需求、产品市场价格变化、单向替代性的新、老多产品混合整数规划模型。

7.2 问题描述

创新产品更新换代期的主要特征是新老产品共存。新产品以高价推出市场,一部分市场需求转化为对新产品的需求,另外一部分没有立即转化为新产品的需求则处于观望状态,等待新产品的价格下降到愿意支付的水平;老产品的目标顾客对价格的敏感度往往高于对性能的敏感度,需求弹性较大,因此,老产品可通过降价在市场上继续销售。为了获取尽可能多的市场收益,新产品价格应充分考虑老产品的销售潜力,老产品降价应尽量减少顾客对新产品消费需求的流失。所以,更新换代期内新、老产品价格的调整对需求量的影响至关重要。

从满足顾客需求来讲,处于更新换代期内的创新产品存在一种特殊现象:需求的完全向下替代,即产品在质量或功能等方面可分成几个等级,新产品可以替代老产品的需求,但是老产品往往不能替代新产品[247]。

新老产品存在不同的更新方式,不同更新方式下新老产品销售的相互影响程度不同。新产品在老产品的成熟期前期推出,可称之为插入式更新,如图 7-1 所示,插入式更新是创新产品最常见的一种更新换代方式;新产品

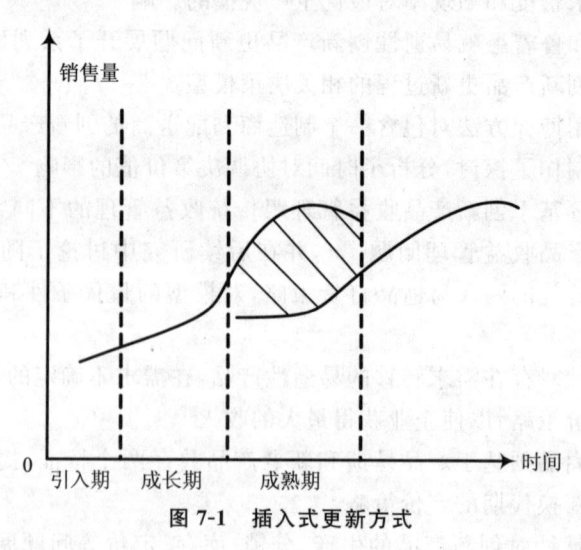

图 7-1 插入式更新方式

第 7 章 新老创新产品共存环境下供应链网络协同优化

在老产品的成熟期后期推出,可称之为连接式更新,如图 7-2 所示;新产品在老产品的成长期甚至更早的时期推出,可称之为并行式更新,如图 7-3 所示,在创新产品更新换代的过程中,这种更新方式一般较少出现。因此,主要研究插入式更新环境下的新老产品共存问题。

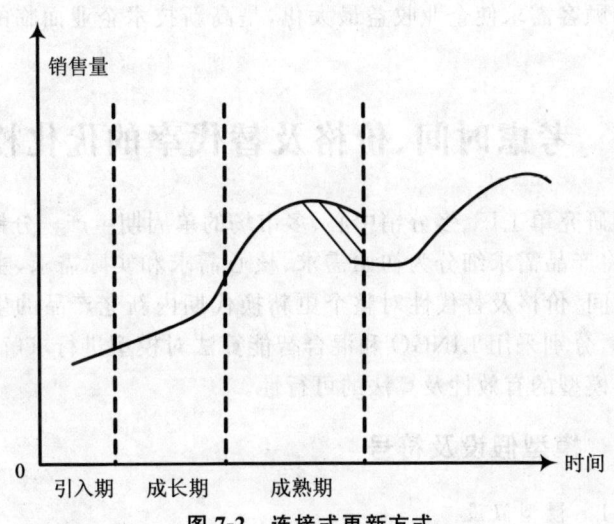

图 7-2 连接式更新方式

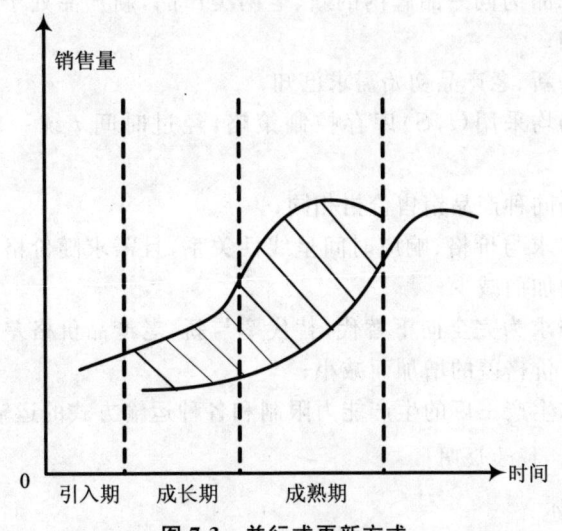

图 7-3 并行式更新方式

当企业只有一代创新产品在市场上销售时,企业只需根据对需求的预测就可做出生产规模、运输方式、存储位置决策。而在更新换代期内,企业需要同时决定新老两代产品的生产规模,以及优化新老两代产品的运输、存储。通常对顾客而言,在一段时期内如果新老产品产品共存,由于新产品对老产品的单向替代作用使得顾客在新产品价格适中的情况下往往会购买新产品。因此,新产品具有的单向替代性以及价格间的相互影响增加了产品实际需求的复杂性。更新换代期内,在对顾客需求的预测的基础上,如何确定更新换代期内新老两代产品的价格、生产规模、运输方式及存储位置才能最好地满足顾客需求使企业收益最大化,是高新技术企业面临的重要决策问题。

7.3 考虑时间、价格及替代率的优化模型

本模型研究单工厂、多分销中心、多市场的单周期生产—分销网络优化模型,模型将产品需求细分为初始需求、核心需求和实际需求,主要考虑产品的响应时间、价格及替代性对整个更新换代期内新老产品的生产、运输、存储的影响,分别采用LINGO和混合智能算法对模型进行求解,最后通过算例验证了模型的有效性及算法的可行性。

7.2.1 模型假设及符号

7.2.1.1 模型假设

①假定产品为同一品牌内的新、老两类产品,新产品处于成长期,老产品处于成熟期;

②各市场新、老产品初始需求已知;

③各市场均采用(t,S)库存控制策略,经过时间t统一对新、老产品订货;

④各市场同种产品销售价格相同;

⑤市场需求与价格、响应时间呈线性关系,且需求随价格增加而减少,随响应时间增加而减少;

⑥产品需求为完全向下替代,替代率与新、老产品价格差呈线性关系,且替代率随着价格差的增加而减小;

⑦不考虑生产工厂的生产能力限制和各种运输方式的运输能力限制。

7.2.1.2 符号说明

(1)上下标

i 表示销售市场,$i \in \{1,2,\cdots I\}$;

j 表示分销中心,$j \in \{1,2\cdots J\}$;

k 表示新老产品种类,1表示老产品,2表示新产品。

(2)费用参数

cvp_k 表示产品k单位可变生产成本;

cp_2 表示单位新产品其半成品可变生产成本;
crp_2 表示单位新产品其半成品再加工可变生产成本;
cs_k 表示单位产品 k 缺货损失成本;
cft_i 表示由工厂到市场的固定运输成本;
cft_j 表示由工厂到分销中心的固定运输成本;
cft_{ij} 表示由分销中心到市场的固定运输成本;
cvt_{ki} 表示单位产品 k 由工厂运输到市场 i 的可变成本;
cvt_{kj} 表示单位产品 k 由工厂运输到分销中心 j 的可变成本;
cvt_{kji} 表示单位产品 k 经分销中心 j 运输到市场 i 可变成本。

(3) 时间参数

T 表示相邻订货间隔;
t_{ik} 表示市场 i 对产品 k 要求交货时间;
t_1 表示单位老产品生产所需时间;
tp_2 表示单位新产品其半成品生产所需时间;
trp_2 表示单位新产品其半成品再加工所需时间;
$tm_{(*)}$ 表示设施间的运输时间。

(4) 其他参数

D_k 表示新老产品固有初始需求;
D'_{ik} 表示市场 i 对产品 k 的核心需求;
D''_{i1} 表示老产品的实际需求量;
D''_{i2} 表示新产品的实际需求量。
δ_{12} 表示老产品需求转为新产品需求的转换率,δ_{12} 服从函数 $\varepsilon + Pc'\delta_{12} = Pc'$,其中 ε 表示新、老产品价格差,Pc' 表示 $\delta_{12}=0$ 时新老产品的价格差;
γ_k 表示产品 k 市场需求的价格弹性系数;
β_k 表示产品 k 市场需求的响应时间弹性系数。

(5) 决策变量

Pc_k 表示产品 k 销售价格;
t_{ik} 表示市场 i 对产品 k 要求交货的时间;
x_k 表示产品 k 生产量;
xp_2 表示单位新产品其半成品生产量;
xrp_2 表示单位新产品其半成品再加工量;
ζ_{ik} 表示市场 i 产品 k 的缺货量;
y_{ki} 表示产品 k 由工厂到市场 i 的运输量;
z_{kj} 表示产品 k 由工厂到分销中心 j 的运输量;
f_{kji} 表示产品 k 经分销中心 j 到市场 i 的运输量;

Y_i 表示由工厂到市场 i 是否运输的 0-1 变量;
Z_j 表示由工厂到分销中心 j 是否运输的 0-1 变量;
F_{ji} 表示由分销中心 j 到市场 i 是否运输的 0-1 变量。

7.2.2 模型的建立及求解

7.2.2.1 响应时间模型

因为高技术产品的阶段特征会随着产品生命周期的阶段性发生动态变化,所以新、老产品的生产模式、运输方式也就不尽相同,尤其是作为缓冲生产与市场动态需求冲突的需求响应点的位置将随之变化,借鉴文献[6]和[239]中有关产品阶段响应时间的描述,引入期需求响应点为工厂,即工厂收到顾客订单后响应,引入期响应时间=产品生产时间+运输时间;成长期需求响应点为工厂仓库,即收到客户订单后进行半产品的再加工以缩短响应时间,成长期响应时间=半成品再加工时间+运输时间;成熟期以分销中心为顾客需求响应点,所以成熟期响应时间=运输时间,但其前提为有货物运到分销中心。根据假设①,新、老产品响应时间模型可表示为:

$$tp_2 xp_2 + t_{i2} \leqslant T \quad \forall i \tag{7-1}$$

$$t_2 x_2 + trp_2 xrp_2 + Y_i tm_i \leqslant t_{i2} \quad \forall j,i \tag{7-2}$$

$$t_2 x_2 + trp_2 xrp_2 + Z_j tm_j + F_{ji} tm_{ji} \leqslant t_{i2} \quad \forall j,i \tag{7-3}$$

(7-1)~(7-3)表示客户的实际响应时间组成及客户响应时间约束;

$$t_1 x_1 + Z_j tm_j + t_{i1} \leqslant T \quad \forall j,i \tag{7-4}$$

$$F_{ji} tm_{ji} \leqslant t_{i1} \quad \forall j,i \tag{7-5}$$

$$t_1 x_1 + Y_i tm_i \leqslant T \quad \forall i \tag{7-6}$$

$$Y_i tm_i \leqslant t_{i1} \quad \forall i \tag{7-7}$$

(7-4)~(7-7)表示老产品对客户的实际响应时间组成及客户响应时间约束。

7.2.2.2 市场需求描述

新、老产品的价格、响应时间以及新、老产品间的单向替代性增加了产品需求的复杂性,将受价格、时间因素影响的需求定义为核心需求,将受替代率因素影响的需求定义为实际需求。

新产品高价推出市场,一部分市场立即形成对新产品的需求,另外一部分则由于对价格的敏感度高于对性能的敏感度而处于观望状态,等待新产品的价格下降到愿意支付的水平时购买;同时,由于市场需求不仅对价格敏感,对时间也十分敏感,因此,响应时间也就成为影响市场需求量的重要因素。由假设⑤,新、老产品核心需求可表示为

$$D'_{ik} = D_{ik} - \gamma_k Pc_k - \beta_k t_{ik} \quad \forall i,k \tag{7-8}$$

易逝性创新产品具有需求的完全向下替代,即产品在质量或功能等方面可分成几个等级,新产品可以替代老产品的需求,但是老产品往往不能替代新产品[9]。由假设⑥,新、老产品实际需求可表示为

$$D''_{i1} = (1-\delta_{12})D'_{i1} \quad \forall i \tag{7-9}$$

$$D''_{i2} = D'_{i2} + \delta_{12}D'_{i1} \quad \forall i \tag{7-10}$$

7.2.2.3 网络设计模型

类似于一般的网络设计问题,新、老产品共存的生产—分销网络设计的目标函数仍然是在满足一定客户服务水平的条件下盈利最大。系统成本主要包括新产品的部件生产成本、组装成本、老产品的生产成本及新、老产品运输成本和损失成本。综合上述分析,更新换代期内新、老产品共存的生产—分销网络优化设计模型如下:

$$\begin{aligned} Max(Z) = &\sum_{i=1}^{I}\sum_{k=1}^{2} Pc_k D''_{ik} - \sum_{k=1}^{2} cvp_k x_k - (cp_2 xp_2 + crp_2 xrp_2) \\ &- \sum_{i=1}^{I}\left(cft_i Y_i + \sum_{k=1}^{2} cvt_{ki} y_{ki}\right) - \sum_{j=1}^{J}\left(cft_j Z_j + \sum_{k=1}^{2} cvt_{kj} z_{kj}\right) \\ &- \sum_{j=1}^{J}\sum_{i=1}^{I}\left(cft_{ji} F_{ji} + \sum_{k=1}^{2} cvt_{kji} f_{kji}\right) - \sum_{i=1}^{I}\sum_{k=1}^{2} cs_k \zeta_{ik} \end{aligned} \tag{7-11}$$

$s.t.$

约束式(1)~(10)

$$x_k + xrp_k = \sum_{i=1}^{I} y_{ki} + \sum_{j=1}^{J} z_{kj} \quad \forall k \tag{7-12}$$

$$xrp_2 = xp_2 \tag{7-13}$$

$$z_{kj} = \sum_{i=1}^{I} f_{ijk} \quad \forall k,j \tag{7-14}$$

$$y_{ki} + \sum_{j=1}^{J} f_{ijk} = D''_{ki} - \zeta_{ik} \quad \forall k,i \tag{7-15}$$

$$\sum_{i=1}^{I} \zeta_{ik} = \sum_{i=1}^{I} D''_{ki} - x_k - xrp_k \quad \forall k \tag{7-16}$$

$$x_k, xp_1, xrp_1, y_{ki}, z_{kj}, f_{kji} \geqslant 0 \quad \forall i,j,k \tag{7-17}$$

目标式(7-11)表示在新、老产品更新换代期内盈利最大,主要考虑了产品的价格、生产成本、运输成本;(7-12)~(7-15)分别表示新、老产品流量守恒;(7-16)表示产品的缺货量;(7-17)规定了各个变量的取值范围。

7.2.2.4 模型求解

模型为混合整数规划问题,可用 Lingo 软件编程序求解。

7.2.3 数值仿真

其他数据见表 7-1～表 7-7。

表 7-1 各个市场产品初始需求量

	新产品	老产品
市场 1	600	1400
市场 2	250	1260
市场 3	300	1550

表 7-2 由工厂到市场单位可变运输成本

消费市场 1	消费市场 2	消费市场 3
12.5	9.5	10

表 7-3 由工厂到分销中心单位可变运输成本

分销中心 1	分销中心 2	分销中心 3
3.6	3	4.2

表 7-4 由分销中心到市场单位可变运输成本

	消费市场 1	消费市场 2	消费市场 3
中心 1	7	6	6.5
中心 2	9	4	5
中心 3	5.5	2.5	8

表 7-5 由工厂到市场运输时间

消费市场 1	消费市场 2	消费市场 3
4	3	6

表 7-6 由工厂到分销中心运输时间

分销中心 1	分销中心 2	分销中心 3
2.5	4	3.5

表 7-7 由分销中心到市场运输时间

	消费市场 1	消费市场 2	消费市场 3
中心 1	3	5	4
中心 2	2	8	6
中心 3	4.5	7.5	3

7.2.3.1 计算结果

利用 LINGO 9.0 编程求解,在 CPU Celeron(R) 2.40GHz、内存 1GB 运行环境下运行,经过 266987 步迭代,历时 1min44s,计算结果如下:$Z=4691260$ 元,产品价格 $Pc_1=1927$,$Pc_2=1200$,表 7-8~表 7-10 为决策变量的最优解。

表 7-8 提前期变量 t_{ik} 最优解

t_{11}	t_{12}	t_{21}	t_{22}	t_{31}	t_{32}
30	15	30	15	30	15

表 7-9 生产变量 x_k、xp_k、xrp_k 最优解

x_2	xp_1	xrp_1
2947	1975	1975

表 7-10 产品分配变量 y_{ik}、z_{jk}、f_{jik} 最优解

z_{21}	z_{22}	z_{31}	z_{32}	f_{231}	f_{232}
615	1089	1360	1858	615	1089
f_{311}	f_{312}	f_{321}	f_{322}	其余变量	
874	980	486	878	0	

7.2.3.2 灵敏度分析

为了分析某些模型参数的变化对目标函数的影响,分别对参数 γ_k、β_k、δ_{12} 进行了灵敏度分析。在进行灵敏度分析时,以算例中的参数为基准值,每次只变化 γ_k、β_k、δ_{12} 中的一个。β_1、β_2 分别与基准值的比值以 10% 的增量进行变化,结果如图 7-4 所示;γ_k、β_k 与基准值的比值以 20% 的量进行变化,结果如图 7-5 所示;δ_{12} 中的 Pc' 以 10% 的增量进行变化,结果如图 7-6

所示。

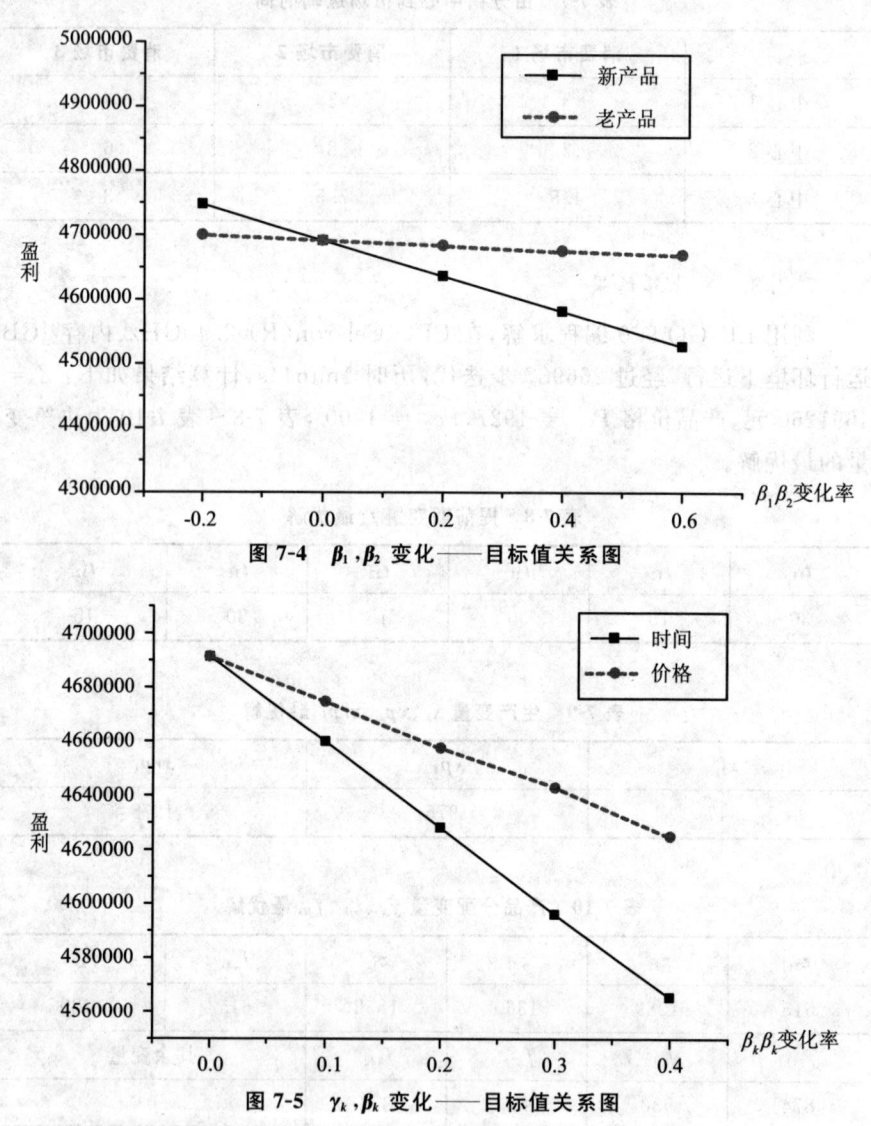

图 7-4　β_1, β_2 变化——目标值关系图

图 7-5　γ_k, β_k 变化——目标值关系图

通过图 7-4 表明,在 γ_k, δ_{12} 一定时,分别改变新、老产品响应时间系数 β_k,目标值对新产品的灵敏度很高,而对老产品的灵敏度相对较低,这说明新产品对响应时间更加敏感,与实际情况相符。

通过对比图 7-5、图 7-6 发现,目标值与参数 δ_{12} 的灵敏度高,与 β_k 的灵敏度较高,而对 γ_k 的灵敏度相对较低,并且目标值随着 γ_k, β_k 值的增加而减小,而随着 Pc' 的增加而增加;这表明在新、老产品共存的情况下,由新、老产品价格差决定的替代率对目标值影响最大,结合例题可以看出,目标值随着替代率的减小而增加,说明老产品还有一定的市场,也可以反映出新产品定价较低,仍有提价空间;其次在新老产品共存的情况下,可以通过改变响应时间能够较有效得较高利润。

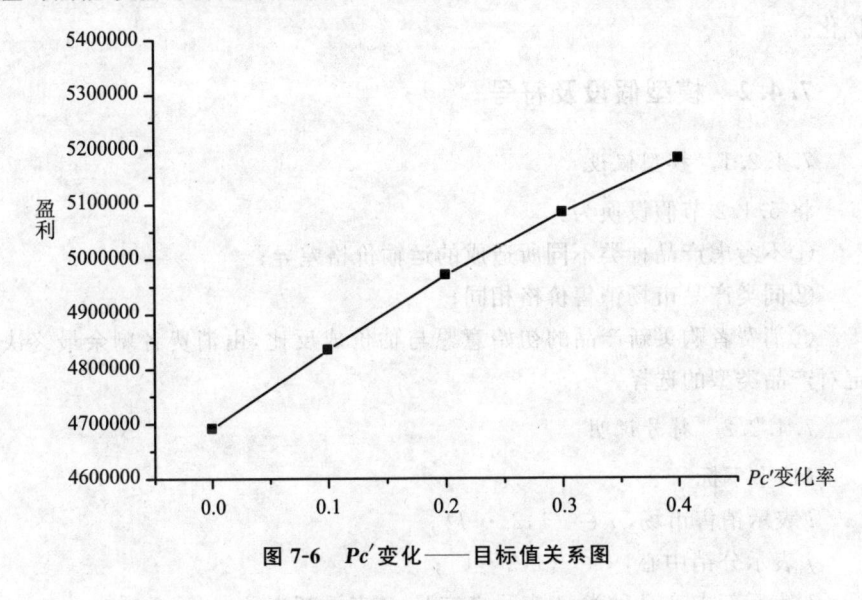

图 7-6 Pc' 变化——目标值关系图

7.4 有能力约束的新老产品共存生产—分销协同优化

在现实中,生产工厂的生产能力及各种运输方式的运输能力均有能力限制,因此,将无能力约束限制的模型扩展为有能力约束的模型,同时考虑工厂生产能力的分配。

7.4.1 问题描述

从满足顾客需求角度,由于易逝性电子类产品的完全向下替代性[248,249],当新产品推出市场,部分市场需求转化为新产品需求,而另一部分处于观望状态,等待新产品的价格下降到愿意支付的水平。为了获取尽可能多的市场收益,新、老产品定价应充分考虑老产品的销售潜力的同时减少顾客对新产品需求的流失,因而,需要考虑产品售价对产能分配产生的影响。另一方面由于新、老产品市场需求特征的差异决定了生产模式的不同,而单一的 PTP 模式虽然能使各需求点在较短的时间获得产品但缺乏规模效益性而使物流成本相对增加;单一的 HUB 模式虽具有较强的规模效益[250,251]和竞争优势[252]但会导致时效性的相对降低。为了减少物流成本、提高时效性,需要对不同生产模式下混合配送方式进行协同优化。通过响应时间将不同生产模式下的产品生产时间(产能分配)与配送时间(配送模式)有效结合,实现了新、老产品价格、生产规模及混合配送模式的协同优化。

7.4.2 模型假设及符号

7.4.2.1 模型假设

将 5.1.2 节假设换为:

①不考虑产品种类不同所造成的运输价格差异;

②同类产品市场销售价格相同;

③消费者购买新产品的初始意愿与估价成反比,由消费者剩余最终决定对产品类型的选择。

7.4.2.2 符号说明

(1)上下标

i 表示销售市场,$i \in \{1,2,\cdots I\}$;

j 表示分销中心,$j \in \{1,2\cdots J\}$;

k 表示新老产品种类,1 表示老产品,2 表示新产品。

(2)费用参数

cvp_k 表示产品 k 单位可变生产成本;

cp_2 表示单位新产品其半成品可变生产成本;

crp_2 表示单位新产品其半成品再加工可变生产成本;

cfp_k 表示产品 k 固定生产成本;

cs_k 表示单位产品 k 缺货损失成本;

cft_i 表示由工厂到市场的固定运输成本;

cft_j 表示由工厂到分销中心的固定运输成本;

cft_{ij} 表示由分销中心到市场的固定运输成本;

cvt_{ki} 表示单位产品 k 由工厂运输到市场 i 的可变成本;

cvt_{kj} 表示单位产品 k 由工厂运输到分销中心 j 的可变成本;

cvt_{kji} 表示单位产品 k 经分销中心 j 运输到市场 i 可变成本。

(3)时间参数

T 表示相邻订货间隔;

t_{ik} 表示市场 i 对产品 k 要求交货时间;

t_1 表示单位老产品生产所需时间;

tp_2 表示单位新产品其半成品生产所需时间;

trp_2 表示单位新产品其半成品再加工所需时间；

$tm_{(*)}$ 表示设施间的运输时间。

(4) 能力参数

CP 表示工厂最大生产能力；

CD_j 表示分销中心服务能力；

$CT_{(*)}$ 表示各设施间车辆运输能力。

(5) 其他参数

D_k 表示新老产品固有初始需求；

D'_{ik} 表示市场 i 对产品 k 的核心需求；

D''_{i1} 表示老产品的实际需求量；

D''_{i2} 表示新产品的实际需求量。

p_k 表示消费者对产品估价；

p'_k 表示产品的实际销售价格；

λ_k 表示生产产品 k 所占总生产能力百分比，$\lambda_1 + \lambda_2 = 1$。

(6) 决策变量

Pc_k 表示产品 k 销售价格；

p'_k 表示产品的实际销售价格；

t_{ik} 表示市场 i 对产品 k 要求交货的时间；

x_k 表示产品 k 生产量；

X_k 表示产品 k 是否进行生产的 0-1 变量；

U_j 表示分销中心 j 是否使用的 0-1 变量；

xp_2 表示单位新产品其半成品生产量；

xrp_2 表示单位新产品其半成品再加工量；

ζ_{ik} 表示市场 i 产品 k 的缺货量；

y_{ki} 表示产品 k 由工厂到市场 i 的运输量；

z_{kj} 表示产品 k 由工厂到分销中心 j 的运输量；

f_{kji} 表示产品 k 经分销中心 j 到市场 i 的运输量；

Y_i 表示由工厂到市场 i 是否运输的 0-1 变量；

Z_j 表示由工厂到分销中心 j 是否运输的 0-1 变量；

F_{ji} 表示由分销中心 j 到市场 i 是否运输的 0-1 变量。

7.4.3 模型分析

7.4.3.1 固有初始需求描述

由于新产品上市对老产品的需求产生侵蚀作用，使得老产品中一部分需求转化为对新产品的需求。据此，将新、老产品市场需求细分为固有初始需求和转移需求两部分,固有初始需求是指产品在互不影响条件下的市场最大需求,其中老产品固有初始需求为 D_1,新产品固定需求为 D_2。假设消费者对新、老产品的估价服从 $[0,b_k]$ 的均匀分布,其密度函数为

$$f(m) = \begin{cases} \dfrac{1}{b_k}, & m \in [0,b_k] \\ 0, & m \notin [0,b_k] \end{cases} \tag{7-18}$$

当产品售价为 p'_k($p'_k \leqslant b_k$)时,产品购买需求量为

$$D'_k = D_k \int_{p'_k}^{b_k} f(m) \mathrm{d}m = \dfrac{D_k}{b_k}(b_k - p'_k) \tag{7-19}$$

7.4.3.2 转移需求描述

由于新产品对老产品的单向替代性,使得老产品需求被新产品替代进而产生转移需求。转移需求分为转入需求和转出需求,转入需求是指固有初始需求中新产品对老产品的替代增加的需求,转出需求是指固有初始需求中老产品被新产品替代减少的需求,新产品的转入需求量和老产品的转出需求量相等,转移需求量由消费者剩余决定。

引入新产品购买初始意愿系数 β,由假设(3)知,

$$\beta = \dfrac{p_1}{p_2} \tag{7-20}$$

其中 p_1 表示消费者对老产品估价;p_2 表示消费者对新产品估价,且 $p_2 \geqslant p_1$。

老产品与新产品的实际销售价格分别为 p'_1、p'_2,且 $p'_2 > p'_1$;消费者购买老产品和新产品的消费者剩余用分别为 Δp_1、Δp_2,其中 $\Delta p_1 = p_1 - p'_1$, $\Delta p_2 = p_2 - p'_2$。由消费者剩余可知,当且仅当 $\Delta p_2 \geqslant 0$,且 $\Delta p_2 \geqslant \Delta p_1$ 时,老产品固有初始需求全部转化或部分转化为新产品需求。

(1)当 $\dfrac{p'_1}{p'_2} > \beta$ 时,老产品固有初始需求全部转化为新产品需求:

$$D''_1 = D_1 \int_{p'_1}^{b_1} f(m) \mathrm{d}m = \dfrac{D_1}{b_1}(b_1 - p'_1) \tag{7-21}$$

此时,新、老产品的实际需求为:

$$D'''_2 = D''_1 + D'_2 = \dfrac{D_1}{b_1}(b_1 - p'_1) + \dfrac{D_2}{b_2}(b_2 - p'_2) \tag{7-22}$$

$$D'''_1 = D'_1 - D''_1 = 0 \tag{7-23}$$

(2)当 $\dfrac{p'_1}{p'_2} < \beta < \dfrac{b_1}{p'_2 - p'_1 + b_1}$ 时,老产品固有初始需求中部分转化为新产品需求,

$$D_1'' = D_1 \int_{\frac{p_2'-p_1'}{\frac{1}{\beta}-1}}^{b_1} f(m)\,dm = \frac{D_1}{b_1}\left(b_1 - \frac{p_2'-p_1'}{\frac{1}{\beta}-1}\right) \qquad (7\text{-}24)$$

此时,新、老产品的实际需求为:

$$\begin{aligned}
D_2''' &= D_1'' + D_2' \\
&= \frac{D_1}{b_1}\left(b_1 - \frac{p_2'-p_1'}{\frac{1}{\beta}-1}\right) + \frac{D_2}{b_2}(b_2 - p_2') \qquad (7\text{-}25)
\end{aligned}$$

$$\begin{aligned}
D_1''' &= D_1' - D_1'' \\
&= \frac{D_1}{b_1}(b_1 - p_1') - \frac{D_1}{b_1}\left(b_1 - \frac{p_2'-p_1'}{\frac{1}{\beta}-1}\right) \\
&= \frac{D_1}{b_1}\left(\frac{p_2'-p_1'}{\frac{1}{\beta}-1} - p_1'\right) \qquad (7\text{-}26)
\end{aligned}$$

主要针对老产品固有初始需求部分转化为新产品的情况进行研究。

7.4.3.3 生产—配送模式描述

根据新、老电子类产品市场需求特征,考虑组装式生产(ATO)和库存式生产(MTS)两种生产模式;运输采用点对点直接配送(PTP)和传统的HUB模式。

(1)单一模式下响应时间模型

新产品一般采用 ATO 和 PTP 模式组合,其响应时间模型如下:

在 ATO 模式下,工厂根据预测进行新产品的半成品生产,半成品最大生产时间,

$$tp_2 xp_2 \leqslant (T - t_{i2}) \quad \forall i \qquad (7\text{-}27)$$

接到订单后采用 PTP 模式,响应时间(半成品再加工时间+运输时间)要满足要求,

$$trp_2 xrp_2 + Y_i tm_i \leqslant t_{i2} \quad \forall j,i \qquad (7\text{-}28)$$

老产品往往采用 MTS 和 HUB 模式组合,其响应时间模型如下:

在 MTS 模式下,工厂首先根据预测生产老产品并采用 HUB 模式将老产品运输到分销中心,老产品最大生产时间

$$t_1 x_1 \leqslant (T - t_{i1} - Z_j tm_j) \quad \forall j,i \qquad (7\text{-}29)$$

接到订单后由分销中心响应,响应时间(运输时间)要满足要求,

$$F_{ji} tm_{ji} \leqslant t_{i1} \quad \forall j,i \qquad (7\text{-}30)$$

(2)混合模式下响应时间模型

在产能一定的情况下,产能的分配将直接影响到产品的生产时间;同

时，由于产品响应时间包括生产时间和运输时间，因此，产能的分配间接影响到产品配送模式的选择。

针对上述生产及配送模式，构建混合模式下新、老产品协同配送网络模型优化产能分配及运输。

考虑产能分配新产品其半成品最大生产时间约束，
$$tp_2 xp_2 \leqslant \lambda_2 (T - t_{i2}) \quad \forall i \tag{7-31}$$
考虑产能分配新产品 PTP 配送模式下响应时间约束，
$$trp_2 xrp_2 \leqslant \lambda_2 (t_{i2} - Y_i tm_i) \quad \forall j,i \tag{7-32}$$
考虑产能分配新产品 HUB 配送模式下响应时间约束，
$$trp_2 xrp_2 \leqslant \lambda_2 (t_{i2} - Z_j tm_j - F_{ji} tm_{ji}) \quad \forall j,i \tag{7-33}$$
考虑产能分配老产品最大生产时间约束，
$$t_1 x_1 \leqslant \lambda_1 (T - t_{i1} - Z_j tm_j) \quad \forall j,i \tag{7-34}$$
考虑产能分配老产品 HUB 配送模式下响应时间约束，
$$F_{ji} tm_{ji} \leqslant t_{i1} \quad \forall j,i \tag{7-35}$$
考虑产能分配老产品 PTP 配送模式下最大生产时间约束，
$$t_1 x_1 \leqslant \lambda_1 (T - Y_i tm_i) \quad \forall i \tag{7-36}$$
考虑产能分配老产品 PTP 配送模式下响应时间约束，
$$Y_i tm_i \leqslant t_{i1} \quad \forall i \tag{7-37}$$

7.4.4 模型建立与求解

$$\begin{aligned}
Max\ g = & \sum_{i=1}^{I} \sum_{k=1}^{2} p'_k (D'''_{ik} - \zeta_{ik}) - \sum_{i=1}^{I} \sum_{k=1}^{2} cs_k \zeta_{ik} - (cvp_1 x_1 + cp_2 xp_2 + crp_2 xrp_2) \\
& - \sum_{k=1}^{2} cfp_k X_k - \sum_{i=1}^{I} \left(cft_i Y_i + \sum_{k=1}^{2} cvt_{ki} y_{ki} \right) - \sum_{j=1}^{J} \left(cft_j Z_j + \sum_{k=1}^{2} cvt_{kj} z_{kj} \right) \\
& - \sum_{j=1}^{J} \sum_{i=1}^{I} \left(cft_{ji} F_{ji} + \sum_{k=1}^{2} cvt_{kji} f_{kji} \right) - \sum_{j=1}^{J} \left(cfs_j U_j + \sum_{k=1}^{2} cvs_j z_{kj} \right)
\end{aligned} \tag{7-38}$$

s.t.

约束式(7-31)～式(7-37)

$$x_k + xrp_k = \sum_{i=1}^{I} y_{ki} + \sum_{j=1}^{J} z_{kj} \quad \forall k \tag{7-39}$$

$$xrp_2 = xp_2 \tag{7-40}$$

$$z_{kj} = \sum_{i=1}^{I} f_{ijk} \quad \forall k,j \tag{7-41}$$

$$D'''_{ki} - \zeta_{ki} = y_{ki} + \sum_{j=1}^{J} f_{ijk} \quad \forall k,i \tag{7-42}$$

第7章 新老创新产品共存环境下供应链网络协同优化

$$(x_k + xp_k) \leqslant \lambda_k X_k CP \quad \forall k \tag{7-43}$$

$$\sum_{k=1}^{2} ct_{(k*)} \leqslant CT_{(*)} \tag{7-44}$$

$$\sum_{k=1}^{2} z_{kj} \leqslant CD_j U_j \quad \forall j \tag{7-45}$$

$$x_k, xrp_k, y_{ki}, z_{jk}, f_{ijk} \geqslant 0 \quad \forall i,j,k \tag{7-46}$$

混合模式下的新、老产品协同优化模型目标函数，式(7-38)，是在满足客户需求的条件下盈利最大；约束条件包括时间约束，式(7-31)~(7-37)；流量守恒约束，式(7-39)~(7-42)；生产能力约束，式(7-43)；运输能力运输，式(7-44)；存储能力约束，式(7-45)；各个变量的取值范围，式(7-46)。

该模型为混合整数规划问题，可用 LINGO 软件编程序求解。

7.4.5 数值仿真

某制造商通过市场调研开发出新产品，现需要对两种生产模式下新、老两种产品的配送系统进行混合协同优化以实现盈利最大；同时，已知新产品的价格区间为[1550,2000]元；当新产品投入市场后，老产品将进行降价销售，老产品销售价格区间为[1000,1450]元。已知该生产—分销系统由1个生产工厂、3个分销中心、3个消费市场组成。工厂新产品固定生产成本为120万元，对新产品最大单位生产能力为4000件，半成品生产效率为2h/100件，单位可变生产成本为420元/件，半成品再加工效率为1h/100件，半成品单位可变再加工成本为300元/件，工厂老产品固定生产成本为30万元，对老产品最大单位生产能力为5000件，老产品最大生产效率为1h/100件，单位产品可变生产成本为450元/件；3个备选分销中心，固定运营成本分别为5万、3万和4万元，单位产品可变运行成本分别为6、8和10元/件，存储能力分别为2000、1800和1000件；新、老产品统一订货，订货时间间隔为200h；新老产品缺货损失成本分别为1000、800元/件；β 取值0.75，其他数据见表7-11~表7-13。

表7-11 各个市场产品初始最大需求量、交货时间

	新产品	老产品
I_1	450、48	1800、24
I_2	600、54	1500、30
I_3	400、40	1600、20

表 7-12 由工厂 K 到市场 I 单位运输成本、运输时间、运输能力

工厂	I_1	I_2	I_3
K	12000、12.5、4、1500	18000、9.5、3、2000	15000、10、6、1000

表 7-13 由工厂 K 到分销中心 J 及分销中心 J 到市场 I 固定运输成本、
单位运输成本、运输时间、运输能力

工厂或市场	J_1	J_2	J_3
K	5000、3.6、2.5、1500	3000、3、4、2100	4000、4.2、3.5、1800
I_1	8000、7、3、2000	9000、9、2、2100	4000、5.5、4.5、2250
I_2	6000、6、5、1250	3500、4、8、2150	3500、2.5、7.5、2400
I_3	4500、6.5、4、1600	5000、5、6、2500	7500、8、3、2500

7.4.5.1 计算结果

利用 LINGO 9.0 编程进行求解,在 CPU Celeron(R) 2.40GHz、内存 1GB 运行环境下运行,经过 1295128 步迭代,历时 738s,计算结果如下:制造商最大盈利 $g^* = 2522266$ 元,此时,新、老产品分销价格分别为:$Pc_1 = 1440$,$Pc_2 = 1980$。表 7-14 为生产—分销决策变量的最优解。

表 7-14 生产—分销决策变量 x_1、xp_2、xrp_2、y_{ik}、z_{jk}、f_{jik} 最优解

x_1	xp_2	xrp_2	y_{11}	y_{12}	y_{21}
294	3066	3066	108	1080	90
y_{22}	z_{11}	z_{12}	f_{131}	f_{132}	其余变量
1026	96	960	96	960	0

7.4.5.2 对比分析

与混合模式下运行环境相同,分别对单独 PTP 模式和 HUB 模式进行优化。若全部采用 PTP 模式,则目标函数 $g^1 = 2506372$;若全部采用 HUB 模式,则目标函数 $g^2 = 2446451$,均小于 $g^* = 2522266$,由此证明了模型的有效性。

7.5 不确定条件下新老产品共存生产—分销协同优化

7.5.1 问题描述

在现实中,生产工厂的生产能力及各种运输方式的运输能力均有能力限制,并且产品需求具有高度的不确定性,尤其在新、老产品共存的更新换代期内,由于新产品具有的单向替代性以及新、老产品价格间的相互影响增加了产品实际需求的不确定性;同时,由于新、老产品处于产品生命周期的不同阶段,新、老产品的生产模式、运输方式、存储位置也就不尽相同,这就更增加了生产—分销网络设计的复杂性。综上,更新换代期内,企业需要同时决定新、老两代产品的价格、生产规模、运输方式及存储位置以实现盈利最大化。

7.5.2 模型假设及符号

7.5.2.1 模型假设

①假定产品为同一品牌内的新、老两类产品,新产品处于成长期,老产品处于成熟期;

②各市场各产品需求为独立需求,且需求量为相互独立的随机变量,且分布函数已知;

③各市场均采用(t,S)库存控制策略,经过时间t统一对新、老产品订货;

④各市场同种产品销售价格相同;

⑤市场需求与价格、响应时间呈线性关系,且需求随价格增加而减少,随响应时间增加而减少;

⑥产品需求为完全向下替代,替代率与新、老产品价格差呈线性关系,且替代率随着价格差的增加而减小;

⑦工厂对新、老产品的产能比例可任意调整,同时忽略新、老产品体积、重量上的差异。

7.5.2.2 符号说明

i 表示产品销售市场,$i \in \{1,2,\cdots I\}$;

j 表示分销中心,$j \in \{1,2\cdots J\}$;

k 表示产品种类,$k = 1,2$,其中 1 为新产品,2 为老产品;

D_{ik} 表示市场 i 对产品 k 的初始需求;

D'_{ik} 表示市场 i 对产品 k 的核心需求;

γ_k 表示产品 k 的市场需求价格弹性系数;

β_k 表示产品 k 的市场需求响应时间弹性系数;

Pc_k 表示产品 k 的销售价格;

t_{ik} 表示市场 i 对产品 k 的要求交货时间;

D''_{i1} 表示新产品的实际需求量;

D''_{i2} 表示老产品的实际需求量;

δ_{12} 表示老产品需求转为新产品需求的转换率,δ_{12} 服从函数 $\varepsilon + Pc' \delta_{12} = Pc'$,其中 ε 表示新、老产品价格差,Pc' 表示 $\delta_{12} = 0$ 时新老产品的价格差。

λ_k 表示工厂生产产品 k 所占总生产能力百分比;

to 表示订货时间间隔;

t_{ik} 表示市场 i 对产品 k 要求交货时间;

tp_1 表示单位新产品其半成品生产所需时间;

xp_1 表示单位新产品其半成品生产量;

t_k 表示单位产品 k 生产所需时间;

x_k 表示产品 k 生产量;

trp_1 表示单位新产品其半成品再加工所需时间;

xrp_1 表示单位新产品其半成品再加工量;

$tm_{(*)}$ 表示各设施间的运输时间;

Y_i 表示由工厂到市场 i 是否运输的 0-1 变量;

Z_j 表示由工厂到分销中心 j 是否运输的 0-1 变量;

F_{ji} 表示由分销中心 j 到市场 i 是否运输的 0-1 变量;

cfp_k 表示产品 k 固定生产成本;

cvp_k 表示单位产品 k 可变生产成本;

$cvpp_1$ 表示单位新产品其半成品可变生产成本;

$cvrpp_1$ 表示单位新产品其半成品再加工可变生产成本;

cft_i 表示产品由工厂运输到市场 i 所需固定成本;

cvt_{ki} 表示单位产品 k 由工厂运输到市场 i 的可变成本;

cft_j 表示产品由工厂运输到分销中心 j 所需固定成本;

cvt_{kj} 表示单位产品 k 由工厂运输到分销中心 j 的可变成本;

cft_{ji} 表示产品经分销中心 j 运输到市场 i 所需固定成本;

cvt_{kji} 表示单位产品 k 经分销中心 j 运输到市场 i 可变成本;

cfs_j 表示分销中心 j 固定运行成本;

cvs_j 表示分销中心 j 单位产品可变运行成本；

ch_{ki} 表示单位产品 k 存储成本；

cs_k 表示单位产品 k 缺货成本；

ζ_{ik} 表示市场 i 产品 k 的缺货量；

$ct_{(*)}$ 表示各设施间运输量集合，其中 y_{ki} 表示产品 k 由工厂到市场 i 的运输量，z_{kj} 表示产品 k 由工厂到分销中心 j 的运输量，f_{kji} 表示产品 k 经分销中心 j 到市场 i 的运输量；

u_{jk} 表示市场 j 产品 k 存储量；

X_k 表示产品 k 是否进行生产的 0-1 变量；

U_j 表示分销中心 j 是否使用的 0-1 变量；

CP 表示工厂最大生产能力；

$CT_{(*)}$ 表示各设施间车辆运输能力；

CD_j 表示分销中心服务能力。

7.5.3 模型分析

7.5.3.1 市场需求描述

新、老产品需求受价格、响应时间以及新、老产品间的单向替代性的影响，将产品最初需求需求定义为原始需求，将受价格、时间因素影响的需求定义为核心需求，将受替代率因素影响的需求定义为实际需求。

由假设⑤，新、老产品核心需求可表示为

$$D'_{ik} = D_{ik} - \gamma_k Pc_k - \beta_k t_{ik} \quad \forall i,k \tag{7-47}$$

易逝性创新产品具有需求的完全向下替代，即产品在质量或功能等方面可分成几个等级，新产品可以替代老产品的需求，但是老产品往往不能替代新产品[9]。由假设⑥，新、老产品实际需求可表示为

$$D''_{i1} = D'_{i1} + \delta_{12} D'_{i2} \quad \forall i \tag{7-48}$$

$$D''_{i2} = (1 - \delta_{12}) D'_{i2} \quad \forall i \tag{7-49}$$

7.5.3.2 响应时间描述

由于高技术产品的阶段响应时间会随着产品生命周期的阶段性发生动态变化，本节在前两节基础上对有能力约束的新、老多产品阶段响应时间做进一步的描述。

根据假设①，成长期新产品响应时间=半成品再加工时间+运输时间，运输有两种方式，直接运输和中转运输，因此，响应时间模型可表示为：

$$tp_1 xp_1 \leqslant \lambda_1 (to - t_{i1}) \quad \forall i \tag{7-50}$$

$$(t_1 x_1 + tr p_1 xr p_1) \leqslant \lambda_1 (t_{i1} - Y_i tm_i) \quad \forall j,i \tag{7-51}$$

$$t_1x_1 + trp_1 xrp_1 \leqslant \lambda_1(t_{i1} - Z_j tm_j - F_{ji} tm_{ji}) \quad \forall j, i \qquad (7\text{-}52)$$

成熟期老产品响应时间＝运输时间,但其前提为有货物运到分销中心,响应时间模型可表示为：

$$t_2 x_2 \leqslant \lambda_2(to - t_{i2} - Z_j tm_j) \quad \forall j, i \qquad (7\text{-}53)$$

$$F_{ji} tm_{ji} \leqslant t_{i2} \quad \forall j, i \qquad (7\text{-}54)$$

当前提不能满足时,响应时间模型可表示为：

$$t_2 x_2 \leqslant \lambda_2(to - Y_i tm_i) \quad \forall i \qquad (7\text{-}55)$$

$$Y_i tm_i \leqslant t_{i2} \quad \forall i \qquad (7\text{-}56)$$

7.5.4 模型建立与求解

7.5.4.1 网络模型建立

类似于一般的网络设计问题,新、老产品共存的生产—分销网络设计的目标函数仍然是在满足一定客户服务水平的条件下盈利最大。系统成本主要包括新产品的部件生产成本、组装成本、老产品的生产成本及新、老产品运输成本、损失成本和存储成本。综合上述分析,更新换代期内新、老产品共存的生产—分销网络优化设计模型如下：

$$\begin{aligned}
MaxZ = & \sum_{i=1}^{I}\sum_{k=1}^{2} Pc_k (D''_{ik} - \zeta_{ik}) - \sum_{i=1}^{I}\sum_{k=1}^{2} cs_k \zeta_{ik} - \sum_{j=1}^{J}\sum_{k=1}^{2} ch_{kj} u_{jk} \\
& - \sum_{k=1}^{2}(cfp_k X_k + cvp_k x_k) - (cvpp_1 xp_1 + cvrpp_1 xrp_1) \\
& - \sum_{i=1}^{I}\Big(cft_i Y_i + \sum_{k=1}^{2} cvt_{ki} y_{ki}\Big) - \sum_{j=1}^{J}\Big(cft_j Z_j + \sum_{k=1}^{2} cvt_{kj} z_{kj}\Big) \\
& - \sum_{j=1}^{J}\sum_{i=1}^{I}\Big(cft_{ji} F_{ji} + \sum_{k=1}^{2} cvt_{kji} f_{kji}\Big) - \sum_{j=1}^{J}\Big(cfs_j U_j + \sum_{k=1}^{2} cvs_j z_{kj}\Big)
\end{aligned} \qquad (7\text{-}57)$$

s.t.

$$x_k + xrp_k = \sum_{i=1}^{I} y_{ki} + \sum_{j=1}^{J} z_{kj} \quad \forall k \qquad (7\text{-}58)$$

$$xrp_1 = xp_1 \qquad (7\text{-}59)$$

$$z_{kj} = \sum_{i=1}^{I} f_{ijk} + u_{jk} \quad \forall k, j \qquad (7\text{-}60)$$

$$y_{ki} + \sum_{j=1}^{J} f_{ijk} = D''_{ki} - \zeta_{ki} \quad \forall k, i \qquad (7\text{-}61)$$

$$(x_k + xp_k) \leqslant \lambda_k X_k CP \quad \forall k \qquad (7\text{-}62)$$

$$\sum_{k=1}^{2} z_{kj} \leqslant CD_j U_j \quad \forall j \qquad (7\text{-}63)$$

$$\sum_{k=1}^{2} ct_{(k*)} \leqslant CT_{(*)} \quad (7\text{-}64)$$

$$\sum_{i=1}^{I} \zeta_{ik} = \Big[\sum_{i=1}^{I} D''_{ki} - x_k - xrp_k, 0\Big]^{+} \quad \forall k \quad (7\text{-}65)$$

$$\sum_{j=1}^{J} u_{jk} = \Big[x_k + xrp_k - \sum_{i=1}^{I} D''_{ki}, 0\Big]^{+} \quad \forall k \quad (7\text{-}66)$$

$$x_k, xp_1, xrp_1, y_{ki}, z_{kj}, f_{kji}, u_{jk}, \zeta_{ik} \geqslant 0 \; \forall i,j,k \quad (7\text{-}67)$$

目标式(7-57)表示在新、老产品更新换代期内盈利最大,主要考虑了产品的价格、生产成本、运输成本、缺货损失、存储成本;(7-58)~(7-61)分别表示新、老产品流量守恒;(7-62)~(7-64)分别表示生产能力约束、存储能力约束、运输能力约束;(7-65)~(7-66)表示产品的缺货量和存储量;(7-67)规定了各个变量的取值范围。

7.5.4.2 模型求解

将随机规划模型转化为确定性规划进行求解,以其形式简单且求解高效的特点赢得广泛应用,但由于确定性规划方法不考虑需求的分布特征,因而存在着一些不足。采用随机模拟、神经元网络和遗传算法结合而成的混合智能算法求解期望值模型。

(1)产生训练样本

由模型参数描述可知市场 I 的产品需求量为定义在概率空间 (Ω, A, P_r) 上的随机变量,故定义所有市场需求量为定义在概率空间 (Ω, A, P_r) 上的随机向量 $D = (D_1, D_2, D_3, \cdots, D_I)$,对于随机系统可以用随机模拟技术近似处理。为求解上述模型,首先要通过随机模拟为不确定函数产生输入、输出数据,即为不确定函数训练样本。

(2)函数逼近

根据产生的训练样本训练神经网络来逼近不确定函数。神经元网络训练过程就是寻找一个合适的权重向量 w,从而能够对函数进行逼近,训练神经元网络的本质就是选取最优化的权值以极小化目标输出和实际输出之间的误差。由于遗传算法对求解优化问题的全局最优解具有很好的求解效果,因此,采用遗传算法来产生神经元网络权值。

(3)混合智能算法

把训练好的神经元网络嵌套到遗传算法中,从而形成混合智能算法,算法步骤如下:

Step1:初始生成 pop_size 个染色体,并用神经元网络检验染色体的可行性;

Step2:对染色体进行交叉和变异运算,并用神经元网络检验后代的可

行性;

Step3:通过神经元网络计算所有染色体的目标值;

Step4:根据目标值计算每个染色体的适应度;

Step5:通过旋转赌盘选择染色体;

Step6:重复步骤 2 至步骤 5,直到完成给定的循环次数;

Step7:找出最好的染色体作为最优解。

7.5.5 数值仿真

某产品制造商需要构建一个新、老产品共存的生产—销售集成网络,已知有 1 个生产工厂,3 个分销中心、3 个消费市场。工厂新产品固定生产成本为 50 万元,对新产品最大单位生产能力为 2500 件,生产效率为 6 小时/100 件,单位可变生产成本为 450 元/件,半成品再加工效率为 2 小时/100 件,半成品单位可变再加工成本为 230 元/件,单位产品加急生产效率为 7 小时/100 件,单位产品生产成本为 700 元/件,工厂老产品固定生产成本为 30 万元,对老产品最大单位生产能力为 20000 件,老产品最大生产效率为 1 小时/100 件,单位产品可变生产成本为 430 元/件;3 个备选分销中心,固定运营成本分别为 5 万、3 万和 4 万元,单位产品可变运行成本分别为 6、8 和 10 元/件,单位存储成本为 12、15 和 16 元/件,存储能力分别为 5000、3000 和 4000 件;各市场新产品交货提前期为 [30,50] 小时,老产品交货提前期为 [15,25] 小时;老产品价格区间为 [1000,1200] 元,新产品价格区间为 [1500,2000] 元,当新老产品价格差为 1000 时,$\delta_{12}=0$;订货时间间隔为 200 小时;$\gamma_1=0.01,\gamma_2=0.03,\beta_1=2.5,\beta_2=1$,其他数据见表 7-15～表 7-21。

表 7-15　各个市场产品初始需求量

	新产品	老产品
市场 1	$N(600,30^2)$	$N(1400,100^2)$
市场 2	$N(250,60^2)$	$N(1260,150^2)$
市场 3	$N(300,50^2)$	$N(1550,120^2)$

表 7-16　由工厂到市场固定、单位可变运输成本

消费市场 1	消费市场 2	消费市场 3
12000、12.5	18000、9.5	15000、10

第 7 章 新老创新产品共存环境下供应链网络协同优化

表 7-17 由工厂到分销中心固定、单位可变运输成本

分销中心 1	分销中心 2	分销中心 3
5000、3.6	3000、3	4000、4.2

表 7-18 由分销中心到市场固定、单位可变运输成本

分销中心	消费市场 1	消费市场 2	消费市场 3
中心 1	8000、7	6000、6	4500、6.5
中心 2	9000、9	3500、4	5000、5
中心 3	4000、5.5	3500、2.5	7500、8

表 7-19 由工厂到市场运输时间、能力

消费市场 1	消费市场 2	消费市场 3
4、1500	3、2000	6、1000

表 7-20 由工厂到分销中心运输时间

分销中心 1	分销中心 2	分销中心 3
2.5、3000	4、4000	3.5、4500

表 7-21 由分销中心到市场运输时间

分销中心	消费市场 1	消费市场 2	消费市场 3
中心 1	3、4000	5、2500	4、3200
中心 2	2、4200	8、4300	6、5000
中心 3	4.5、4500	7.5、4800	3、5000

在运行环境 CPU Celeron(R) 2.40GHz、内存 1GB 下，利用 Matlab 7.0 编制随机模拟混合智能算法进行求解，得到计算结果如下：$Z = 3598617$ 元，$\lambda_1 = 0.82, \lambda_2 = 0.18, Pc_1 = 1990, Pc_2 = 1200$，表 7-22～表 7-24 为决策变量的最优解，其余变量为 0。

表 7-22 提前期变量 t_{ik} 最优解

t_{11}	t_{12}	t_{21}	t_{22}	t_{31}	t_{32}
45	20	43	20	49	20

表 7-23 生产变量 x_k、xp_k、xrp_k 最优解

x_2	xp_1	xrp_1
3192	1596	1596

表 7-24 产品分配变量 y_{ik}、z_{jk}、f_{jik} 最优解

y_{11}	y_{12}	y_{21}	y_{22}	y_{32}
439	1061	375	951	1000
z_{21}	z_{22}	f_{211}	f_{231}	f_{232}
782	180	311	471	180

7.6 小结

易逝性电子产品市场具有高风险、不易保存、决策复杂、产品连续更替等显著特征。我国电子技术企业面对产品生命周期的日益缩短和产品结构越来越复杂的环境如何处于竞争优势地位成为国内研究人员的一个重要研究热点。新、老产品协同优化包括两个方面：针对新产品对老产品的单向替代性，根据新、老产品需求函数对新、老产品价格进行协同优化；另一方面针对新、老电子产品市场需求特征的差异性对不同生产模式下的混合配送模式进行协同优化。论文将两个方面进行有效结合，通过对构建的非线性整数规划模型进行求解可以确定新、老的销售价格、生产规模、运输方式、分销数量。该研究工作为解决电子生产企业产品组成提供了有效的研究方法；同时，设计合理的生产—分销网络可以在努力提高供给水平的情况下合理安排产能、减少库存，进而降低成本，增强生产企业市场竞争力。

第8章 创新产品双渠道供应链网络协同优化

8.1 引言

从 2007 年起,著名的网络服装品牌增加,规模较大的凡客诚品、玛萨玛索、梦芭莎等,服装服饰类商品成网络购物的第一大销售商品。2012 年以来,服装网购市场规模保持较大比例的平稳增长,并呈现持续放缓的趋势,服装电商销售渠道拓展为 C2C、B2C、O2O、虚拟试衣间等新模式、新技术相结合,移动端销售增长迅猛,内部结构优化并保持了相对稳定的发展态势。2013 年,我国服装网购市场交易规模预计达 4349 亿元,占整个网购市场的 23.1%。中国电子商务研究中心预测,2014 年,我国服装网购市场整体规模将达到 6153 亿元。另一方面,高库存积压问题已经成为服装行业发展的痼疾。数据显示,已经对外公开的 2012 年度财务报表的 50 家纺织服装企业,服装成品滞销库存已经累计高达 570 亿元,相比较 2011 年数额增加了 36.09 亿元。

与服装产品和生产—分销网络相关的研究引起了专家和学者的重视,研究领域非常广泛,研究成果较多。其中,服装产品的研究主题包括运作模式、商品管理、供应链管理策略、战略合作伙伴关系等方面。而已有生产—分销网络的研究成果丰富,从模型结构、决策内容、优化目标、求解方法、模型应用等方面归纳了相关文献,研究主题主要包括网络结构、选址—分配问题、运输网络优化等。部分文献还考虑将库存、生产、运输方式选择、路线优化、产品回收等运作管理策略以及财务、风险等因素融入研究问题。张雷融合了产品生命周期的动态变化,利用混合整数规划方法进行高科技易逝性产品生产—分销网络的优化问题进行研究,同时考虑了不同时期的解耦点策略、生产模式、新老产品替代性、顾客满意度等因素。但是,这些研究多集中于单一渠道环境下的集中式协同优化,缺乏多渠道整合下的生产—分销网络问题的研究。

在已有文献的基础上,综合考虑产品特性和渠道结构两类因素,探讨服装产品不同生命周期阶段顾客的需求,建立库存生产模式下双渠道的生产—分销网络优化模型,并分析网络分销渠道对传统分销渠道产品销售的影响。

8.2　问题描述

服装产品可以分为时尚类、季节类和基础类三种产品。其中,时尚类和季节类服装产品市场份额大约为80%,基础类服装产品大约为20%。根据Christopher Martin的研究,产品生命周期一般分为引入期、成长期、成熟期、稳定期以及衰退期五个阶段。鉴于服装产品生命周期较短,将其生命周期分为成长、成熟和衰退三个阶段。在成长阶段,产品需求不断上涨,企业进行试探性小规模销售;在成熟阶段,需求趋于量大且稳定的状态,企业进行大量销售;潮流风向一旦转变或销售季节淡去,产品就进入下滑衰退阶段,企业主要进行产品降价清仓销售。

目前,服装企业多采用库存生产模式。企业从时装周汲取时尚元素后,安排服装设计工序。企业根据各地区上季度销售数据进行当季产品需求预测,提前5个月向工厂下单大批量订货。工厂接到订单后,进行订单处理并向原材料供应商采购布匹进行生产,生产完毕后大量产品存储为库存。产品的生产提前期大概为一个季度,而产品的生命周期为三个月。整个过程如图8-1所示(以秋冬季为例)。

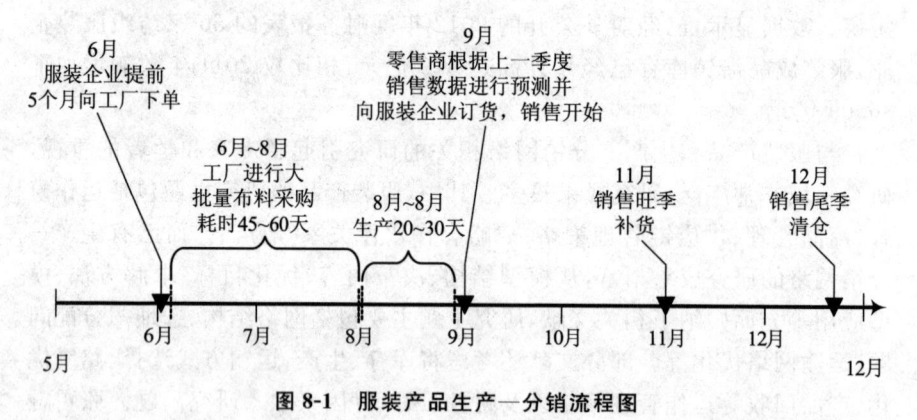

图8-1　服装产品生产—分销流程图

此外,不同渠道结构下顾客体验有明显的差异。在传统分销渠道中,消费者可以进行服装试穿,体验性满意度高,并且对满意的服装产品可以直接付款提货,可获得性高。在网络分销渠道中,网络分销商根据顾客订单进行配送,顾客下单时不能试穿服装,顾客体验较差。

根据上述的分析,服装产品的特性和双渠道结构会影响了服装生产—分销网络的运作。为了实现利润最大化,服装企业需要确定不同渠道下产品的生产规模、分销数量、成品库存等。

8.3 模型建立与求解

8.3.1 模型假设与参数

8.3.1.1 模型假设
①工厂之间不存在竞争关系,与服装企业有战略合作伙伴关系;
②市场需求与两渠道价格、可获得时间呈线性相关,受双渠道各自价格及交叉价格影响,随获得时间增加需求减少;
③在同一渠道下,同种产品在各市场上的销售价格相同;
④假设各渠道仓库采取(t,S)补货策略,当库存下降到安全库存量立即自动补充库存。

8.3.1.2 模型参数
(1)上下标
P为产品集合,$p \in P$,$P=\{1,2,3\}$,分别代表时尚类产品,季节类产品和基础性产品;
T为销售阶段集合,$t \in T$,$T=\{1,2,3\}$,分别代表成长、成熟和衰退三个阶段;
F为工厂集合,$f \in F$;
W为渠道集合,$w \in W$,$W=\{1,2\}$,分别代表网络分销渠道和传统分销商渠道;
M为市场集合,$m \in M$。

(2)能力参数
csp_{ft}是t时期工厂f生产能力约束;
g_{wpt}是各时期各渠道下产品p的安全库存量。

(3)需求相关参数
D_{wpt}是t时期渠道w对产品p的需求;
a_{pt}是t时期产品p的基础需求;
θ是网络分销渠道所占市场份额,$1-\theta$则是传统分销渠道所占市场份额;
α_{wm}是渠道w在市场m所占的份额;
b是价格弹性系数,c是交叉价格弹性系数;
pri_{wpt}是t时期产品p在w渠道的销售价格;
Do_{wpt}是根据上季度销售数据所预测的各时期渠道w下产品p的

需求。

(4) 费用相关参数

cp_{fpt} 是 t 时期产品 p 由工厂 f 负责的单位生产费用；

cq_{wpt} 是 t 时期产品 p 在渠道 w 的单位缺货费用；

cf 为产品可获得性惩罚系数；

cs_{wpt} 是 t 时期产品 p 在 w 渠道的单位存储费用；

$ctfw_{fwpt}$ 是从工厂 f 到分销商 w 的单位运输费用；

$ctwm_{umpt}$ 是从分销商 w 到市场 m 的单位运输费用。

(5) 时间相关参数

ds 是时间敏感系数；

tp_{fpt} 是 t 时期产品 p 由工厂 f 生产所消耗的可变生产时间；

tpg_{fpt} 是 t 时期产品 p 由工厂 f 生产所消耗的固定生产时间；

cg 是工厂向布料供应商采购布料所耗费的时间；

ltw_{wpt} 是 t 时期工厂承诺各分销商 w 产品 p 的交货期；

ltm_t 是 t 时期网络分销渠道承诺给顾客的交货期；

$ltsm_{mpt}$ 是货物 p 运输至市场超出所承诺交货时间的部分；

tyw_{fwpt} 是 t 时期产品 p 从工厂运送至各分销商的单位运输时间；

tym_{umpt} 是 t 时期产品 p 从各渠道运送至市场的单位运输时间；

$ltsm_{mpt}$ 是产品 p 运输至市场超出所承诺交货时间的部分。

(6) 决策变量

x_{fpt} 是 t 时期工厂生产产品 p 的生产量；

ζ_{wpt} 是 t 时期产品 p 在渠道 w 的缺货量；

y_{fwpt} 是 t 时期产品 p 从工厂 f 到渠道 w 的出库量；

z_{umpt} 是 t 时期产品 p 从渠道 w 到市场 m 的出库量；

wp_{wpt} 是 t 时期产品 p 在 w 分销商的存储量。

8.3.2 模型构建

网络分销渠道的低价格挤压着传统分销渠道的市场份额,而传统分销渠道的快速可获得性又吸引着时间敏感性顾客。在需求函数为自我和交叉价格的线性函数的假设下,两个渠道的需求分别为：

$$D_{1pt} = \theta a_{pt} - b \cdot pri_{1pt} + c \cdot pri_{2pt} - ds \cdot ltm_t \tag{8-1}$$

$$D_{2pt} = (1-\theta) a_{pt} - b \cdot pri_{2pt} + c \cdot pri_{1pt} \tag{8-2}$$

此时,生产—分销网络的最大利润可以表示为：

$$Max = \sum_{t \in T} \sum_{w \in W} \sum_{p \in P} pri_{wpt} (D_{wpt} - \zeta_{wpt}) - \sum_{t \in T} \sum_{w \in W} \sum_{p \in P} cq_{wpt} \zeta_{wpt}$$

$$-\sum_{f\in F}\sum_{p\in P}\sum_{t\in T}cp_{fpt}x_{fpt} - \sum_{t\in T}\sum_{w\in W}\sum_{p\in P}cs_{wpt}wp_{wpt}$$

$$-\sum_{t\in T}\sum_{f\in F}\sum_{w\in W}\sum_{p\in P}ctfw_{fwpt}y_{fwpt} - \sum_{t\in T}\sum_{m\in M}\sum_{p\in P}ctwm_{1mpt}z_{1mpt}$$

$$-cf\sum_{m\in M}\sum_{t\in T}\sum_{p\in P}ltsm_{mpt} \tag{8-3}$$

在式(8-3)中,第一项是渠道的销售收入,第二项是产量不足带来的缺货损失,第三项是产品生产成本,第四项是产品过剩带来的库存成本,第五项是从工厂运送至渠道仓库的运输成本,第六项是从传统分销渠道运送至市场的运输成本,第七项是运输到市场超时后的惩罚成本。

(1) 产品响应时间应满足以下要求:

$$\sum_{f\in F}tp_{fpt}x_{fpt} + \sum_{f\in F}tyw_{fwpt}y_{fwpt} + cg \leqslant ltw_{wpt}, \forall w\in W, p\in P, t\in T$$
$$\tag{8-4}$$

$$tym_{1mpt}z_{1mpt} \leqslant ltm_t + ltsm_{mpt}, \forall m\in M, p\in P, t\in T \tag{8-5}$$

分销商向工厂发出订货通知时需要交货期的约束来规范工厂按时交货;式(8-4)表明布料采购耗时、产品生产耗时以及产品由工厂运送至渠道的耗时之和不应超过工厂承诺给分销商的交货期;式(8-5)表明产品由渠道运送至市场的耗时应在承诺的交货期限内。

(2) 产品流应满足以下要求:

$$z_{umpt} = a_{um}(D_{wpt} - \zeta_{wpt}), \forall w\in W, m\in M, p\in P, t\in T \tag{8-6}$$

式(8-6)表明产品由渠道运至市场运输量与市场对渠道中产品的实际接收量。

$$wp_{wpt} = \sum_{f\in F}y_{fwpt} - \sum_{m\in M}z_{umpt} + wp_{wp(t-1)}, \forall w\in W, p\in P, t\in T$$
$$\tag{8-7}$$

$$wp_{wp0} = 0 \tag{8-8}$$

式(8-7)表明,当期库存量等于当期的入库量减去出库量并加上上期剩余的库存量。而服装产品销售季节开始前,新款产品的库存量为零,如式(8-8)所示。

在服装供应链中,品牌商没有挤压面料的习惯,渠道品牌商需要多少服装下多少订单给工厂,工厂再根据实际需求进行采购与生产,不留有成品库存,生产出来的所有产品全部运送至分销商,生产量与工厂运输产品至分销商的流的平衡如式(8-9)所示。

$$\sum_{w\in W}y_{fwpt} = x_{fpt}, \forall f\in F, m\in M, p\in P, t\in T \tag{8-9}$$

传统服装供应链下的品牌商根据上季度销售数据再结合当季服装流行

元素进行服饰的设计与下单,在销售的过程中根据实际的销售情况调整产品生产量。式(8-10)表明,分销商根据各渠道反馈回的上季销售数据进行期初销量预测,各时期工厂根据各渠道反馈回来的库存、缺货信息并结合所预测的需求量、安全库存量进行调整生产,运输至各分销商的产品量等于调整后的生产量;

$$\sum_{f\in F} y_{fwpt} = Do_{wpt} + \zeta_{wp(t-1)} - wp_{wp(t-1)} + g, \forall w \in W, p \in P, t \in T$$

(8-10)

$$\zeta_{wp0} = 0, wp_{wp0} = 0 \qquad (8-11)$$

(3)工厂生产能力的约束:

$$\sum_{p \in P} x_{fpt} \leqslant csp_{ft} \qquad (8-12)$$

(4)各变量取值范围:

$$x_{fpt}, y_{fwpt}, z_{umpt}, wp_{wpt}, \zeta_{wpt} \geqslant 0 \qquad (8-13)$$

上述模型是混合整数非线性规划模型。由于模型变量涉及较多、约束条件复杂,传统求解方法计算困难且速度慢。LINGO 10.0 是一套快速、方便、有效的构建及求解线性,非线性,和整数最优化模型的功能全面的工具。本文基于 LINGO 10.0,针对模型编写程序进行仿真。

8.4 数值仿真与灵敏度分析

8.4.1 参数设置

假设生产分销网络由 2 个工厂、2 个销售渠道和 3 个消费市场组成,两个工厂最大生产能力为 60000 件,成长阶段,两个工厂生产效率分别为 1.2 和 0.96 小时/1000 件;成熟阶段,两个工厂生产效率为 0.4 和 0.3 小时/1000 件;衰退阶段,两个工厂生产效率为 1.6 和 1.2 小时/1000 件;网络分销渠道市场份额为 0.32,则传统分销渠道所占市场份额为 0.68;渠道 1 在各市场所占份额分别为 0.5,0.2,0.3,渠道 2 在各市场所占份额分别为 0.7,0.1,0.2;价格弹性系数为 2,交叉价格弹性系数为 1,时间敏感系数为 1;采购时间为一个月即 700 小时;工厂承诺各分销商产品 P 的交货期分别为 1000、1200、800 小时;承诺给顾客的交货期为 180 小时;其余参数详见表 8-1 至表 8-9 所示。

第 8 章 创新产品双渠道供应链网络协同优化

表 8-1 不同时期不同渠道各产品单位存储成本(元)

cs_{wpt}		$p=1$	$p=2$	$p=3$
$w=1$	$t=1$	10	11	9
	$t=2$	10	11	9
	$t=3$	10	11	9
$w=2$	$t=1$	12	14	13
	$t=2$	12	14	13
	$t=3$	12	14	13

表 8-2 上季度不同渠道产品需求(件)

Do_{wpt}		$p=1$	$p=2$	$p=3$
$w=1$	$t=1$	4200	5200	2300
	$t=2$	9800	7800	2700
	$t=3$	1450	1450	2500
$w=2$	$t=1$	9800	10000	5800
	$t=2$	23500	19800	6800
	$t=3$	5950	5950	5000

表 8-3 各时期各产品各渠道的安全库存量(件)

g_{wpt}		$p=1$	$p=2$	$p=3$
$w=1$	$t=1$	600	600	200
	$t=2$	800	800	200
	$t=3$	500	500	200
$w=2$	$t=1$	800	800	300
	$t=2$	1000	1000	300
	$t=3$	600	600	300

表 8-4　各时期各渠道各产品的单位销售价格（元）

pri_{wpt}		$p=1$	$p=2$	$p=3$
$w=1$	$t=1$	199	238	99
	$t=2$	199	238	99
	$t=3$	99	119	69
$w=2$	$t=1$	349	399	139
	$t=2$	349	399	139
	$t=3$	159	179	99

表 8-5　不同时期工厂单位生产成本（元）

cp_{fpt}		$p=1$	$p=2$	$p=3$
$f=1$	$t=1$	62	87	25
	$t=2$	62	87	25
	$t=3$	62	87	25
$f=2$	$t=1$	68	80	26
	$t=2$	68	80	26
	$t=3$	68	80	26

表 8-6　不同时期各产品单位缺货成本（元）

cq_{wpt}		$p=1$	$p=2$	$p=3$
$w=1$	$t=1$	8	9	11
	$t=2$	8	9	11
	$t=3$	8	9	11
$w=2$	$t=1$	10	12	15
	$t=2$	10	12	15
	$t=3$	10	12	15

第8章 创新产品双渠道供应链网络协同优化

表8-7 不同时期不同产品的基础需求(件)

a_{pt}	$p=1$	$p=2$	$p=3$
$t=1$	20000	15000	9000
$t=2$	38000	24000	10000
$t=3$	10000	6000	8000

表8-8 从工厂 f 到分销商 w 的单位运输费用(元)/单位运输效率(小时)

$ctfw_{fwpt}/tyw_{fwpt}$		$p=1$	$p=2$	$p=3$
f_1-w_1	$t=1、2、3$	9/0.0032	9/0.0032	9/0.0032
f_1-w_2	$t=1、2、3$	12/0.0108	12/0.0108	12/0.0108
f_2-w_1	$t=1、2、3$	10/0.0084	10/0.0084	10/0.0084
f_2-w_2	$t=1、2、3$	11/0.0096	11/0.0096	11/0.0096

表8-9 从分销商 w 到市场 m 的单位运输费用(元)/单位运输效率(小时)

$ctwm_{wmpt}/tym_{wmpt}$		$p=1$	$p=2$	$p=3$
w_1-m_1	$t=1、2、3$	9/0.0372	9/0.0372	9/0.0372
w_1-m_2	$t=1、2、3$	12/0.0508	12/0.0508	12/0.0508
w_1-m_3	$t=1、2、3$	10/0.0484	10/0.0484	10/0.0484
w_2-m_1	$t=1、2、3$	5/0.024	3/0.024	3/0.024
w_2-m_2	$t=1、2、3$	4/0.018	4/0.018	4/0.018
w_2-m_3	$t=1、2、3$	3/0.01	3/0.01	3/0.01

8.4.2 数值仿真分析

根据以上参数,采用 LINGO 10.0 求解得到的最优解。此时,目标函数的最优取值为 $Z=23778497$ 元,其中销售收入为 34008170 元,销售支出 10229673 元,缺货及存储费用共 232376 元,生产费用 8129134 元,惩罚费用 8908 元。不同阶段生产—分销网络的最优解如图 8-2 至图 8-4 所示。

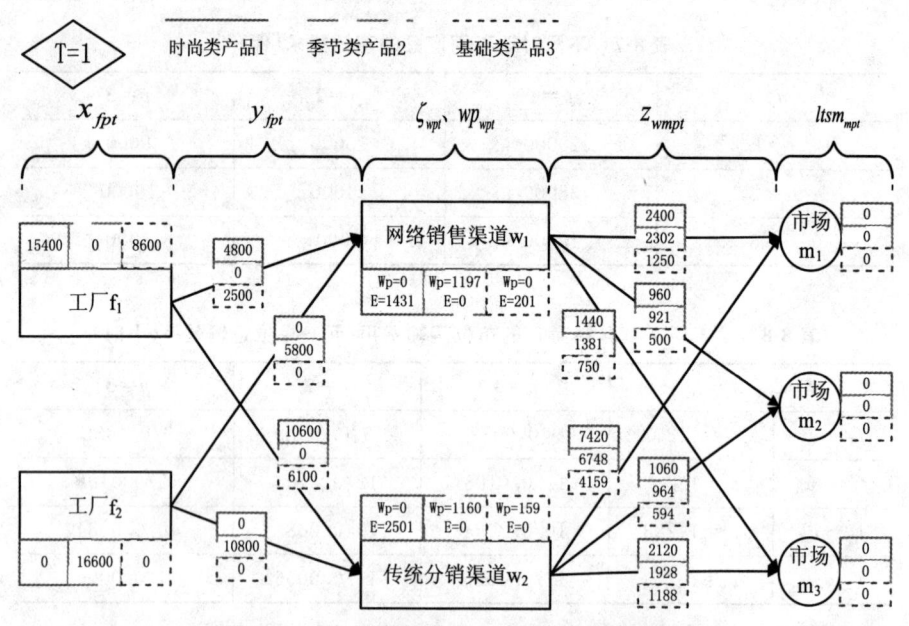

图 8-2 成长阶段的生产—分销网络的最优解

由图 8-2 可知,在成长阶段,若企业没能准确的预测当季服装市场需求,时尚类服装可能深受消费者青睐却没能有足够的库存满足市场需求,导致该类产品缺货严重。同时,企业根据上季度的销售数据大批量订购季节类产品,但该类产品当季需求冷淡,产生大量滞销,导致较高的库存积压。

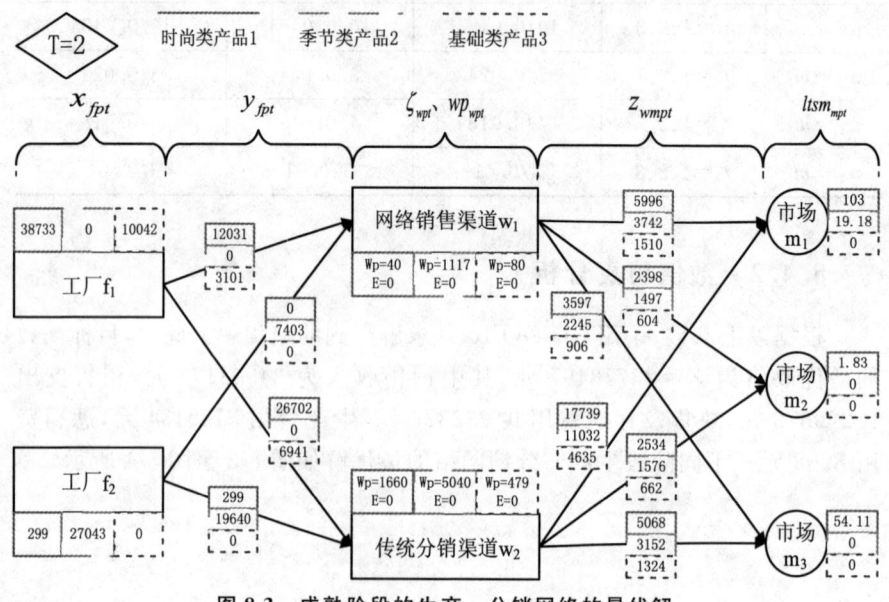

图 8-3 成熟阶段的生产—分销网络的最优解

第8章 创新产品双渠道供应链网络协同优化

由图8-3可知,在成熟阶段之前,考虑到工厂生产提前期,服装企业在还未能全面了解产品市场动态时需要做出第二阶段的订货决策时,很难平衡生产能力和市场需求,容易出现销量好的服装产品缺货严重,而滞销的服装产品占用了大量流动资金的状况。

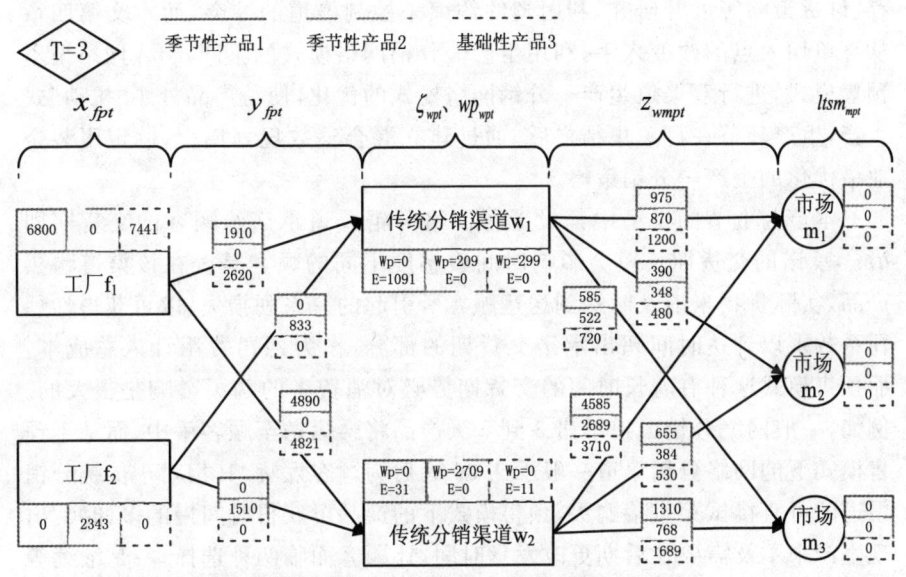

图8-4 衰退阶段的生产—分销网络的最优解

由图8-4可知,在衰退阶段,当季服装产品销量渐渐的走下坡路。为了降低库存积压加快资金回笼,企业会打折促销。虽然能在一定程度上减少库存压力,但会影响消费者对品牌的认知,潜移默化的改变了顾客的消费行为,消费者形成该品牌企业在季末就会降价的认知,会选择当产品进行打折时入手购买。

由图8-2至图8-4可知,对时尚类和季节类产品而言,网络分销渠道存在与传统分销渠道一样的库存积压和产品缺货的问题。但由于网络分销渠道具有极低的试错成本及极高的市场反馈效率等优势,并且网络分销商自有仓库留有的库存量少,补货周期短,缺货和库存积压问题不严重。服装企业可以充分利用网络分销渠道的优势,逐步拓宽产品销售渠道,整合两个渠道的资源优化生产—分销网络。

8.5 模型扩展

根据上节分析可知,当服装供应链生产提前期较长时,服装企业无法根据上季度销售数据做出准确的预测,生产—分销流程从供应链上游制造商开始进行"推动"式生产,生产环节在订单集结之前,被动的供应链流程造成库存积压严重,生产成本居高不下,损失部分畅销产品市场销售的机会成本;同时网络销售渠道的引入挤压了传统分销渠道的产品市场,为了解决这种相互冲突的问题,许多学者对网络销售渠道的产品定价,不同渠道不同库存、订货策略等展开研究,利用契约约束来控制渠道的冲突,而本文第四章从订单切入点的改变入手,利用生产—分销网络模式的不同,引入网络渠道预售模式,进行双渠道生产—分销网络模式的优化,使得产品处于"拉动"式生产,生产环节在订单集结之后,通过建立混合整数规划模型,制定服装企业最优化的生产—分销策略。

  本节与上节的模型中都设置了网络分销渠道承诺给顾客的交货期即ltm,承诺的交货期长短会影响时间敏感度不同的顾客是否在该渠道购买产品,实际货物未能及时达到送达顾客所引起的一系列损失,以可获得性惩罚系数乘以到达时间超出承诺交货期的部分,作为惩罚费用计入总成本。而预售模式这种有着长时间的交货期势必对消费者的购买影响是很大的。例如,一般网络分销渠道承诺3到5天产品将会运送至顾客手中,而基于预售模式下的网络分销渠道一般承诺30天后为顾客发货,其相对于传统分销渠道的可直接试穿直接购买,预售模式下的产品可获得时间慢的多,时常出现生产来不及需要在后期更改发货时间,让顾客面临两种选择,一是继续等待产品生产完毕进行发货;二是放弃产品申请退款。若收到的货物和顾客心中所意象的产品有所出入很容易造成顾客给网络分销商予以差的评价,影响其他顾客购买的决心,也影响该顾客的二次购买率。

8.5.1 问题描述

  基础类产品虽需求量不大,但需求稳定性较强,拥有固定的消费人群,这类基础需求的产品根据每个季度的销售数据可以较为精准的预测下一季度的销售量,由此通过大批量规模生产较为明智,不仅在生产工艺上可以追求规模经济效益,而且方便补货,库存量容易控制,不至于出现严重缺货或者严重库存的情景。然而,季节性产品和时尚类产品受潮流趋势的影响,具有短生命周期,更新换代快等特性,拥有区别于基础类产品不同的消费群体,需求不稳定性强,双渠道按库存生产的模式(MTS)无法很好的控制产品库存及缺货;与此同时,潮流趋势促使消费者追求个性化服务,若工厂进行流程再造,将生产工序进行分割,先大规模生产半成品库存,剩下染色或者印花工艺待消费者选择,然而这种个性的"变"无法满足消费者对不同款式的追求。不同于3C电子类产品可以将零部件进行拆除,通过网络选购再进行组装拼接,在服装业,既要保证商品的快速可获得性又要关注顾客个

第8章 创新产品双渠道供应链网络协同优化

性化需求,所以如何将规模生产与个性化需求有效地结合显得至关重要。

改进的服装供应链生产分销网络结合服装行业预售模式,消费者通过服装企业在网络旗舰店展示出的新款产品样式提前购物,满足了消费者追求各类不同风格潮流产品;网络预售有着极低的试错成本,以及极高的反馈效率,提高顾客满意度、大规模降低库存与缺货率。预售模式下的供应链生产—分销模型流程具体如图8-5所示。

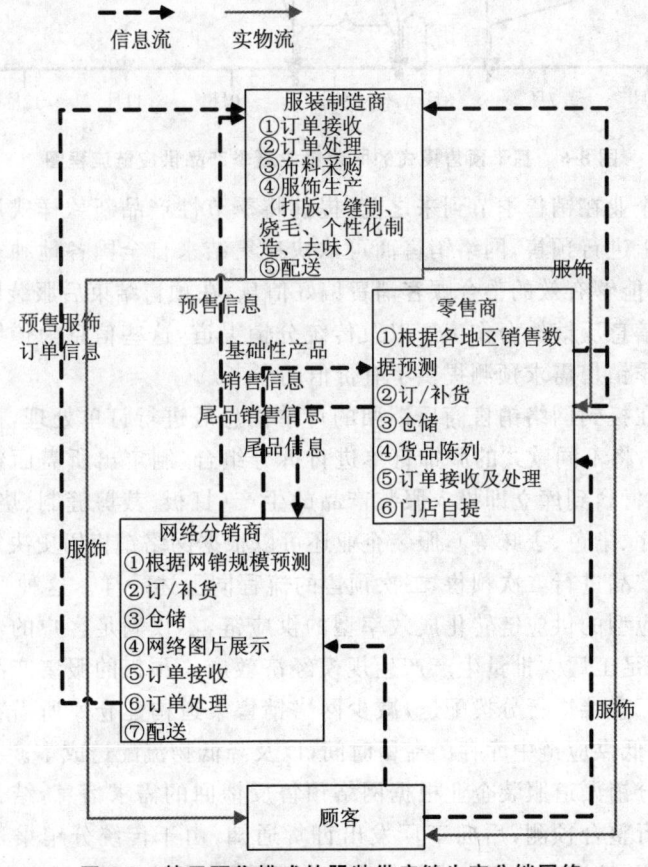

图8-5 基于预售模式的服装供应链生产分销网络

基于预售模式,服装供应链系统不仅在生产—分销网络结构、模式上与传统服装供应链有明显的差异,同时各个时间点所开始进行的任务也不尽相同,其夏季产品供应链流程图如图8-6所示。

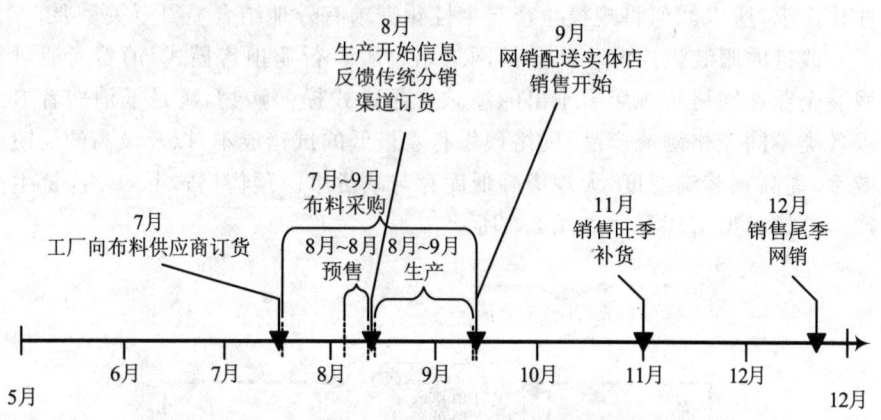

图 8-6 基于预售模式的服装企业夏季产品供应链流程图

  服装企业在销售季节到来之前,提前将季节性产品新款样式展示在网络旗舰店上进行预售,网络销售商可以快速集结来自全国各地独立消费的需求,同时能够有效的整合顾客消费偏好信息,在预售结束后服装网络销售商将需求信息反馈给合作工厂以及传统分销渠道,这些信息为传统分销渠道进行当季销售需求预测提供了有价值的参考。

  工厂在接到网络销售商反馈回的订单信息后进行订单处理,按订单生产(MTO),将不同款式的服饰订单进行拆分组合,制定出所需面料的采购数量,待原材料到库立即投入服装产品的生产(打板、裁剪缝制、烧毛、个性化定制工序、染色、去味等),服装企业还可以根据网络销售历史决定是否对销量好的产品进行二次预售,二次预售的流程同上述一样。这种 B2C 预售模式将反应型的供应链转化成效率型的供应链,不仅满足客户的个性化定制,又能满足工厂大批量生产产生规模经济效应。预售的服装产品生产完毕后由工厂直接进行分拨配送,减少网络销售渠道构建仓库所需花费的成本,同时降低供应链中库存的滞留时间,以及降低物流配送成本。

  传统分销渠道服装企业根据网络预售反馈回的需求信息,结合历史销售数据进行整合预测,后向工厂发出订货通知,由于传统分销渠道需求量大,工厂开始按库存进行大批量生产,到货商品存储为库存,销售时,库存下降到一定量再向工厂提出补货通知。

  基础类产品库存全部由传统分销渠道贮存并配送,网络销售渠道同样也进行基础类产品的销售,但销售出的基础性产品也由传统分销渠道进行配送,网络销售渠道商再通过同传统分销渠道商制定契约来支付应有的库存费用。改进的模型中对需求难以预测的季节类产品进行网络预售,采用按订单生产模式,需求较为稳定的基础类产品根据历史销售数据进行按库存生产。因为产品以成品库存积压的形式进入衰退期,所以在销售尾季,传统分销渠道服装企业将尾品库存信息反馈给网络销售商,网络分销商进行尾品的销售,这样实体店滞留的库存可以通过网络分销商进行网络展示,再由传统分销渠道进行配货。这样销售尾季的产品通过网上销售面向全国消费者,既不影响顾客对品牌的认知,又能通过聚集全国有同样需求的人实现互联网的长尾聚合效应。通过上述描述可知,这种流程的改进,影响了整个供应链的生产—分销网络的构建,为实现利润最大化,服装企业需要确定各情景下生产规模、分销数量、服装成品库存以及服装缺货量等。本节同上节,将生产量及各条物流路径上的物流量设为连续决策变量,从而建立该问题的混合整数规划模型。

8.5.2 模型假设及参数确立

8.5.2.1 模型假设

①工厂之间不存在竞争关系,与服装企业有战略合作伙伴关系;

②假设网络销售渠道流失的顾客完全不会在传统分销渠道购买;

③假设制造商、服装企业传统分销渠道收到网络销售渠道反馈回的信息到面料采购、制定订货决策之间的间隔时间忽略不计;

④假设传统分销渠道根据两渠道占有的市场份额比值来制定订货决策;

⑤假设为网络销售渠道生产服装与为传统分销渠道生产服装的时间差忽略不计;

⑥市场需求与两渠道价格、可获得时间呈线性相关,需求受两渠道各自价格及交叉价格影响,可获得时间增加需求减少;

⑦运输中转费用忽略不计;

⑧在同一渠道下,同种产品在各市场上的销售价格相同;

⑨假设传统分销渠道采取 (t,S) 补货策略,当库存下降到安全库存量立即自动补充库存。

8.5.2.2 参数确立

同上一节参数设置一样,本节改进的供应链模型中部分参数设置区别于传统供应链模型。其余不同的相关参数如下:

(1)费用相关参数

$ctfw_{fpt}$ 是从工厂 f 到传统分销渠道的单位运输费用;

$ctwm_{mpt}$ 是从传统分销渠道到市场 m 的单位运输费用;

$ctfm_{fmpt}$ 是工厂 f 到市场 m 的单位运输费用。

(2)时间相关参数

ltw_{pt} 是 t 时期工厂承诺给传统分销渠道产品 p 的交货期;

tyw_{fpt} 是 t 时期产品 p 从工厂运送至传统分销渠道的单位运输时间;

tym_{mt} 是 t 时期基础性产品 3 从传统分销渠道运送至市场的单位运输时间;

$tyfm_{fmpt}$ 是 t 时期产品 p 从各工厂运送至市场的单位运输时间。

(3)决策变量

y_{fpt} 是 t 时期产品 p 从工厂 f 到传统分销渠道的出库量;

z_{mpt} 是 t 时期产品 p 从传统分销渠道到市场 m 的出库量;

zz_{mpt} 是 t 时期网络分销渠道销售出的产品 p 的量;

s_{fmpt} 是产品 p 从工厂 f 运送至市场 m 的运输量;

wp_{pt} 是 t 时期产品 p 在传统分销渠道仓库的存储量。

8.5.3 基于预售模式的服装企业生产—分销网络模型的构建

根据服装短生命周期特性,在成长以及成熟期,季节性产品 1 和 2 在网销渠道进行预售,按订单生产并由工厂直接进行配货,基础性产品 3 及在传统分销渠道销售的产品 1 和 2,则按库存生产,贮存于传统分销仓库,网络销售渠道的基础性产品 3 的需求由传统分销渠道进行统一配送。所以,其最大盈利可表示为:

$$Max = \sum_{t \in T}\sum_{w \in W}\sum_{p \in P} pri_{wpt}(D_{wpt} - \zeta_{wpt}) - \sum_{t \in T}\sum_{w \in W}\sum_{p \in P} cq_{wpt}\zeta_{wpt} \\ - \sum_{f \in F}\sum_{p \in P}\sum_{t \in T} cp_{fpt}x_{fpt} - \sum_{t \in T}\sum_{p \in P} cs_{pt}wp_{pt} \\ - \sum_{t \in T}\sum_{f \in F}\sum_{p \in P} ctfw_{fpt}y_{fpt} - \sum_{t \in T}\sum_{m \in M}\sum_{p \in P} ctwm_{mpt}z_{mpt} \\ - \sum_{f \in F}\sum_{m \in M}\sum_{p \in P}\sum_{t \in T} ctfm_{fmpt}s_{fmpt} - cf\sum_{m \in M}\sum_{t \in T}\sum_{p \in P} ltsm_{mpt} \quad (8-14)$$

(1)产品响应时间应满足以下要求:

因为改进后的服装供应链生产分销模型中,季节性产品 1、2 直接由工厂生产完毕输送至客户手中,所以并没有产品流至网络分销渠道仓库,就不存在工厂对网络分销渠道交货期的约束。公式(8-15)表明布料采购耗时、产品生产耗时与产品由工厂至传统分销渠道耗时之和不应超过工厂承诺的交货期;

$$\sum_{f \in F} tp_{fpt}x_{fpt} + \sum_{f \in F} tyw_{fpt}y_{fpt} + cg \leqslant ltw_{pt}, \forall f \in F, p \in P, t \in T \quad (8-15)$$

网络分销渠道向顾客展现基础类产品 3 的款式等详细信息,和传统模型一样向顾客提供一个相同的发货时间,只是网络分销渠道并不留有库存,网络分销渠道销售出去的基础类产品 3 由传统分销渠道进行配货。假设网络分销商接到顾客下的订单时,信息可以立刻反馈给传统分销渠道服装企业,传统分销渠道服装企业再给顾客进行发货,那么货物从传统分销渠道运送的时间即为承诺给客户的交货期。公式(8-16)表明基础性产品由传统分销渠道送至市场所需时间应在渠道商承诺给顾客的交货期与超期时间之内。

$$tym_{m3t}zz_{m3t} \leqslant ltm_{3t} + ltsm_{m3t}, \forall m \in M, t \in T \tag{8-16}$$

同理,网络分销商向客户展示预售产品的款式、颜色等详细信息,而预售的产品按订单生产,由于工厂不留有库存,工厂只能根据预售的量与传统分销渠道的订货量再向布料供应链采购布料,较长的提前期使得此类季节性产品的可获得性较差,由此,承诺给顾客的交货期更是让顾客犹豫购买的主要影响因素。公式(8-17)表明季节性产品由工厂生产并送至市场所需时间应在网络分销渠道承诺给顾客的交货期与超期时间之内。

$$\sum_f tp_{fpt}s_{fmpt} + \sum_f tyfm_{fmpt}s_{fmpt} + cg \leqslant ltm_{pt} + ltsm_{mpt},$$
$$\forall f \in F, m \in M, t \in T, p = 1,2 \tag{8-17}$$

(2)产品流应满足以下要求:

各个市场对各渠道产品的需求如公式(8-18)~(8-21),分别表示为网络分销渠道售出的按订单生产的季节性产品运输至市场的量与市场的需求量相平衡;网络分销渠道售出的基础性产品运输至市场的量与市场的需求量、缺货量之间的流的平衡;季节性产品由传统分销渠道运输至市场的需求量;传统分销渠道售出的基础性产品运输至市场的量与市场的需求量之间的流的平衡;

$$zz_{mpt} = \alpha_{1m}D_{1pt}, \forall m \in M, t \in T, p = 1,2 \tag{8-18}$$

$$zz_{m3t} = \alpha_{1m}(D_{13t} - \zeta_{13t}), \forall m \in M, t \in T \tag{8-19}$$

$$z_{mpt} = \alpha_{2m}(D_{2pt} - \zeta_{2pt}), \forall m \in M, t \in T, p = 1,2 \tag{8-20}$$

$$z_{m3t} - zz_{m3t} = \alpha_{2m}(D_{23t} - \zeta_{23t}), \forall m \in M, t \in T \tag{8-21}$$

改进的供应链模型产品流较为复杂,设置的变量繁多,各个变量之间的关系如公式(8-22)~(8-24),分别表示季节性产品由工厂运输至市场的量等于网络分销渠道销售出的量;基础性产品不由工厂直接运送至顾客;产品由工厂运输至传统分销渠道的量与产品由工厂直接运输至顾客的量等于工厂的生产量;

$$\sum_{f \in F} s_{fmpt} = zz_{mpt}, \forall f \in F, m \in M, t \in T, p = 1,2 \tag{8-22}$$

$$s_{fm3t} = 0, \forall f \in F, m \in M, t \in T \tag{8-23}$$

$$y_{fpt} + \sum_{m \in M} s_{fmpt} = x_{fpt}, \forall f \in F, m \in M, p \in P, t \in T \tag{8-24}$$

改进的服装供应链模型中,网络分销渠道仓库不留有库存,产品销售季节开始前,传统分销渠道新款产品的库存量为零,公式(8-25)表明,当期库

存量的多少需要不仅要考虑当期的入库量与出库量,还应考虑到上期剩余的库存量;

$$wp_{pt} = \sum_{f \in F} y_{fpt} - \sum_{m \in M} z_{mpt} + wp_{p(t-1)}, \forall f \in F, m \in M, p \in P, t \in T$$

(8-25)

$$wp_{p0} = 0 \tag{8-26}$$

在改进的服装供应链下,只有基础性产品根据上季度销售数据再结合当季服装流行元素进行服饰的设计与下单,公式(8-27)表明,渠道商根据各渠道反馈回的基础性产品上季销售数据进行需求预测,工厂并在各时期根据反馈回的库存、缺货信息结合所预测的需求量、安全库存量进行调整生产,运输至各渠道商的产品量等于调整后的生产量;

$$\sum_{f \in F} y_{f3t} = \sum_{w \in W}(Do_{w3t} + \zeta_{wp(t-1)} - wp_{wp(t-1)} + g_{wpt}),$$
$$\forall w \in W, f \in F, p \in P, t \in T \tag{8-27}$$

$$\zeta_{wp0} = 0, wp_{wp0} = 0, \forall w \in W, p \in P \tag{8-28}$$

改进的服装供应链模型下,预售的季节性产品的销售数据将会在预售结束后反馈给传统分销渠道,传统分销渠道根据反馈回的信息,判断市场的服饰偏好需求,并根据自身实际市场份额做出订货决策,公式(8-29)表明季节性产品由工厂生产、运输至传统分销渠道的产品量等于传统分销渠道预测需求量与安全库存量之和;

$$\sum_{f \in F} y_{fpt} = \frac{1-\theta}{\theta} D_{1pt} + \sum_{w \in W} g_{wpt}, \forall f \in F, w \in W, t \in T, p = 1,2$$

(8-29)

(3)工厂生产能力约束:

$$\sum_{p \in P} x_{fpt} \leqslant csp_{ft}, \forall f \in F, p \in P, t \in T \tag{8-30}$$

(4)各变量取值范围:

$$x_{fpt}, y_{fpt}, z_{umpt}, s_{fmpt}, wp_{pt}, \zeta_{pt} \geqslant 0 \tag{8-31}$$

8.5.4 数值仿真

预售模式下的数值设计同上一节中传统模式下的数值设置,由于预售模式下企业将网络销售渠道接受到的订单反馈给工厂,工厂进行按订单生产的时间较传统模式下的久,改进的模型中,工厂承诺给传统分销渠道的交货期为 960 小时;改进的供应链模型下网络分销渠道承诺给顾客产品 1、2 的交货期为 720 小时,产品 3 的交货期为 100 小时,与改进供应链模型有关的其余参数详见表 8-10。

第 8 章　创新产品双渠道供应链网络协同优化

表 8-10　从工厂 f 到各个市场的单位运输费用(元)/单位运输效率(小时)

$ctfm_{fmpt}/tyfm_{fmpt}$		季节类产品 1	季节类产品 2	基础类产品 3
f_1-m_1	各时期	15/0.013	15/0.013	15/0.013
f_1-m_2	各时期	13/0.0125	13/0.0125	13/0.0125
f_1-m_3	各时期	12/0.0113	13/0.0113	13/0.0113
f_2-m_1	各时期	13/0.011	13/0.011	13/0.011
f_2-m_2	各时期	12/0.0106	12/0.0106	12/0.0106
f_2-m_3	各时期	10/0.01	10/0.01	10/0.01

根据以上数据信息，本章节模型同样也是在 CPU 为 PENT.T3200 (2.0GHZ)、内存为 512MB 的环境下运行 Lingo10.0 版本软件，得到全局最优解。

8.5.4.1　仿真结果

目标函数的最优取值为 Z=25209950 元，销售收入 34593148 元，缺货费用 4764 元，生产费用 8120200 元，存储费用 51720 元，运输费用 1192842 元，惩罚费用 13672 元，图 8-7 至图 8-9 为决策变量最优解，并以生产—分销网络图进行变量最优解的详细展示。

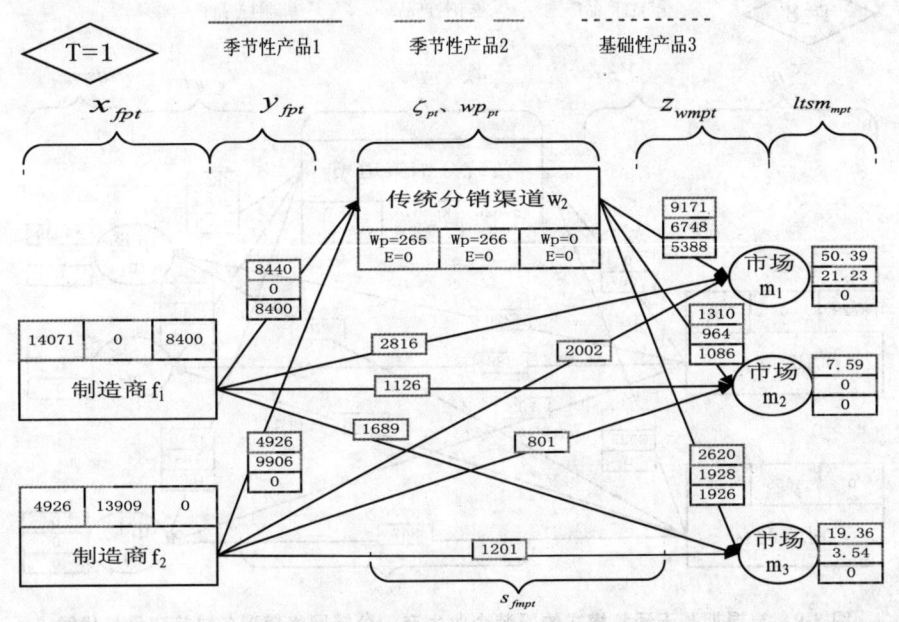

图 8-7　成长期基于预售模式的服装企业生产—分销网络模型各决策变量最优解

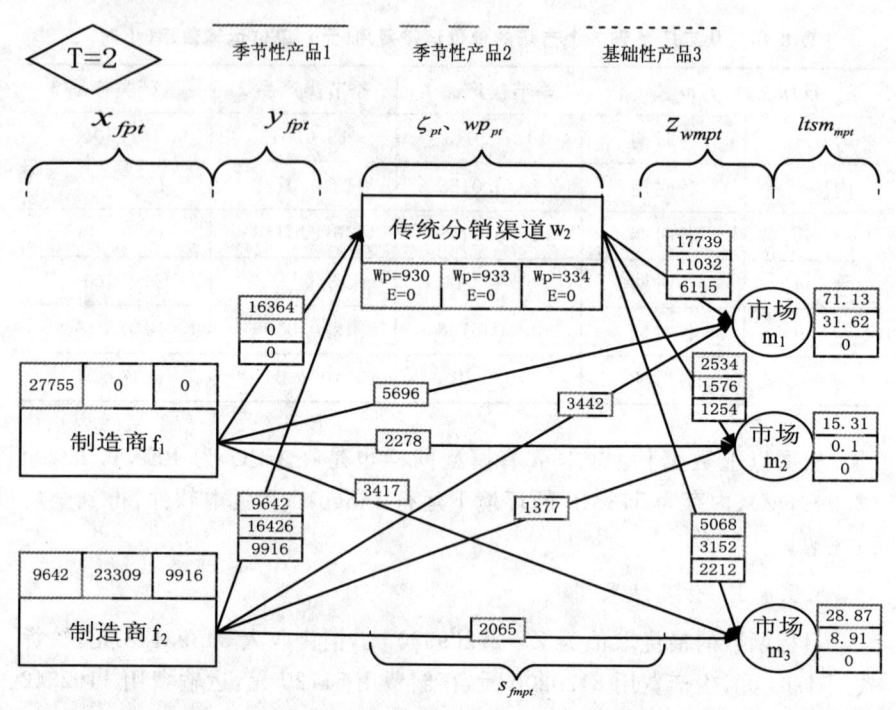

图 8-8 成熟期基于预售模式的服装企业生产—分销网络模型各决策变量最优解

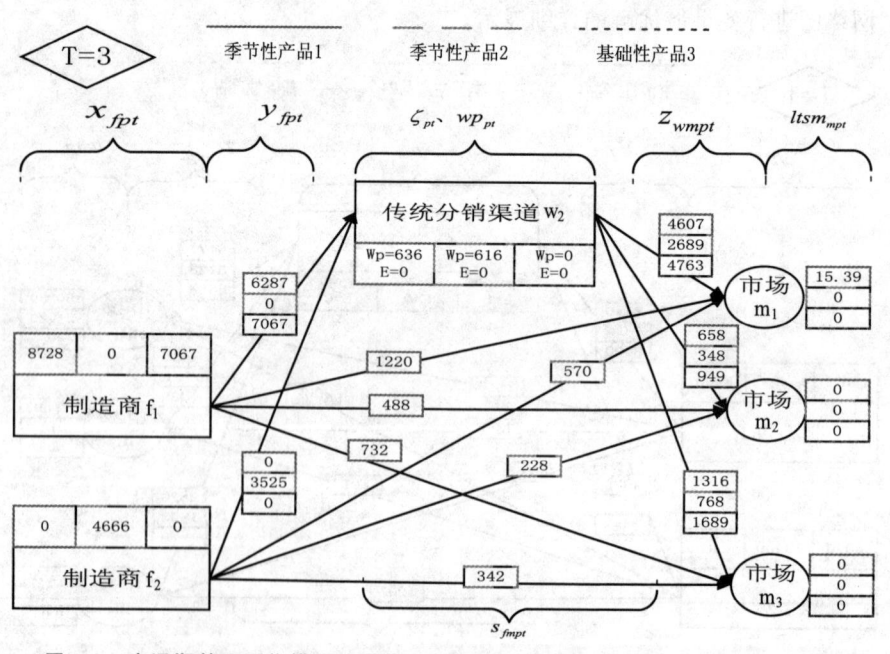

图 8-9 衰退期基于预售模式的服装企业生产—分销网络模型各决策变量最优解

8.5.4.2 结果分析

从图 8-7 至图 8-9 看出,成长期阶段,对时间敏感系数高的消费者网络销售渠道预售的产品通过工厂直接销售给各市场的消费者,不存有成品库存,由于对时间敏感的消费者放弃在网络上购买服装产品,预售模式下网络销售渠道流失了部分客源,销售收入有所下降,同时,预售结束后,根据产品生产量及运输效率的不同,工厂未能在约定时间内向消费者配送服装产品,造成了一定的延时,这类的延时将会带来对网络旗舰店的负面评价,甚至发生退货等风险,但是由网络销售渠道反馈回的销售信息很好的指导了传统分销渠道的订货决策,使得在成长期阶段成品库存仅有 631 件,降低了库存及缺货成本,减少了生产浪费。在成熟期到来前,网络销售渠道对销量好的产品进行二次预售,预售结束后将第二次市场传递的需求信息反馈给工厂及传统分销渠道,由于是服装产品的销售旺季,网络销售渠道面临的约定交货时间延迟加剧,虽然传统分销渠道下库存产品总量增多至 2197 件,但相比,在还未能全面了解产品市场动态,就需要敏锐的做出第二阶段的订货决策后所导致的库存积压大幅度降低。这个季度即将过去意味着服装产品进入了衰退期,当季服装产品销量也渐渐的走下坡路,网络销售渠道还是通过直销的模式面向消费者,不同的是,传统分销渠道在销售的前两个阶段很好的控制了库存,服装企业在销售尾季采取打折促销的方式造成利润的顺势降低了,在预售模式的支持下,销售尾季服装供应链成品库存控制在 1256 件,相比非预售模式下的服装供应链成品库存 3217 件,跌幅达到 60%以上。

8.5.4.3 两种模型结果对比分析

将上节及本节优化结果进行对比分析,其中表 8-11 为两种模式下不同渠道的需求量对比,表 8-12 为两种模式下各费用明细及对比。

表 8-11 两种模式下的不同渠道需求量对比

需求 D	网络销售渠道		传统分销渠道	
	非预售	预售	非预售	预售
p_1-t_1	6231	5631	13101	13101
p_1-t_2	11991	11391	25341	25341
p_1-t_3	3041	2441	6581	6581
p_2-t_1	4603	4003	9640	9640
p_2-t_2	7483	6883	15760	15760

续表

需求 D	网络销售渠道		传统分销渠道	
	非预售	预售	非预售	预售
p_2-t_3	1741	1141	3841	3841
p_3-t_1	2701	2641	5941	5941
p_3-t_2	3021	2961	6621	6621
p_3-t_3	2401	2341	5311	5311
总计	43213	39433	92137	92137

表 8-12　两种模式下各费用明细及对比

模式	销售收入	缺货费用	生产费用	存储费用	运输费用	惩罚费用
非预售	34008170	47872	8129134	184504	1859256	8908
预售	34593148	4764	8120200	51720	1192842	13672
差值	−584978	43108	8934	132784	666413	−4764

从表 8-11 可以直观的看出,改进的服装供应链网络销售渠道受承诺的交货期影响,其相对于传统分销渠道的可直接试穿直接购买,预售模式下的产品可获得时间慢的多,流失了对时间敏感的顾客 3780,虽然预售模式的长交货期流失了对时间敏感客户,却很好的控制了产品缺货,提高了销售收入,解决了高库存积压等问题,使得总利润增加。

将图 8-2 至图 8-4 以及图 8-7 至 8-9 进行上下对比分析,不同阶段两种模式下的决策变量取值预售模式下的生产量更为精准,更贴合实际市场的需求量,传统模式下各产品的库存总量为 14149 件,缺货总量为 5266 件,而预售模式下各产品的库存总量为 3980,缺货总量为 433 件,由此可见,线上预售模式反馈的高价值需求信息指导着传统分销渠道的精准订货,不仅控制了产品的缺货量同时减少服装产品高库存积压,使产品库存量都维持相同且适合的数量。

表 8-12 数据表明网络销售渠道的预售模式给传统分销渠道的销售带来了积极影响,精准的需求信息使得生产量接近实际销售量,不仅降低了生产成本,同时使得缺货费用降低 43108 元,使得在顾客流失的环境下销售收入增加 584978 元,同时预售模式下信息共享使得存储费由 184504 元降为 51720 元,有效的控制了服装企业高库存积压问题。

8.5.4.4　预售模式下服装企业生产—分销策略分析

网络销售渠道与传统分销渠道不同之处在于它的时滞性,尤其是预售

第 8 章 创新产品双渠道供应链网络协同优化

模式导致长时间产品使用价值的延迟,先是经过网络产品预售展示,订单集结完毕再进行产品生产、配送,历时一个月左右,网络预售的产品可获得时间比一般网络销售来的更长,时间敏感系数的变化作为消费者容忍产品可获得时间的程度,将在较大程度上影响消费者购物行为的决定,影响服装企业网络销售渠道的产品需求。

运用灵敏度数值分析对预售模式下服装生产—分销优化策略进行补充说明,以下参数设置与上一节一致,改变时间敏感系数的取值设置,将设置的参数数值代入 LINGO 模型中,将上一节分析结果及本章节预售模式下分析结果进行对比并画为柱状图,结果如图 8-10 至图 8-13 所示。

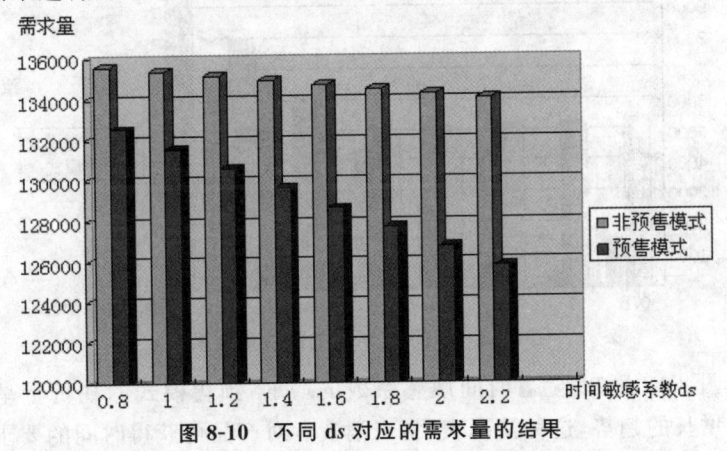

图 8-10 不同 ds 对应的需求量的结果

从图 8-10 可知,随着时间敏感系数的增加,即顾客无法容忍网络销售渠道冗长的可获得时间的程度加深,由于预售模式下服装企业承诺给消费者发货及配送时间长达一个月余,致使网络销售渠道流失的顾客量越来越大,然而按库存生产的传统服装供应链受时间敏感系数影响较小,需求量基本稳定不变,较好的避免了服装企业损失产品销售的机会成本。

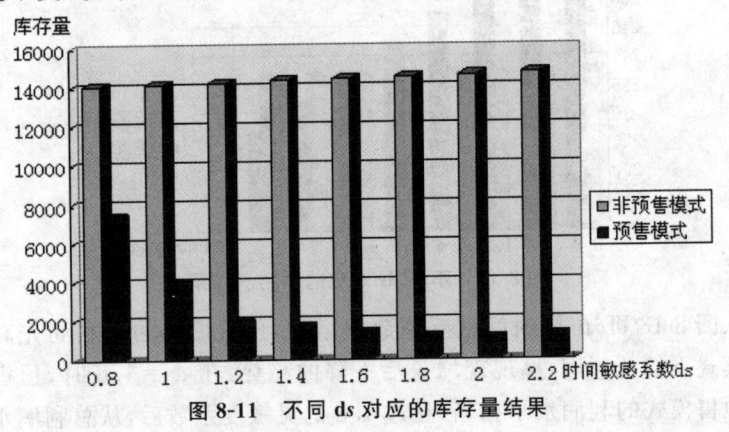

图 8-11 不同 ds 对应的库存量结果

从图 8-11 可知,随着时间敏感系数的增加,服装供应链整体库存不断下降,首先,网络预售服装产品是通过按订单生产来实现的,网络销售渠道不留有成品库存,降低了供应链整体库存水平,同时网络销售渠道通过产品预售所得到的需求信息能够很好的反应市场对服装产品的冷热程度,并把信息及时的反馈给传统分销渠道进行精准需求预测,使得预售模式能更好的控制库存量。鉴于此,服装企业可以根据不同的时间敏感系数调整传统分销渠道的安全库存量,以更好的降低服装供应链库存量。

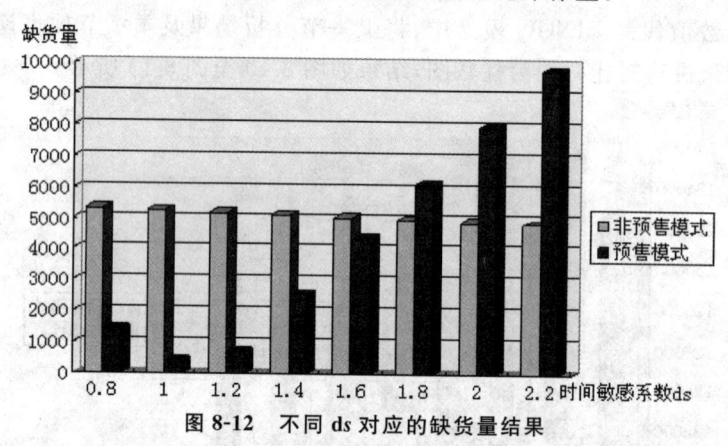

图 8-12 不同 d_s 对应的缺货量结果

从图 8-12 可知,随着时间敏感系数的增加,预售模式的缺货量呈现先降低再增长的趋势,这种情况表明,当消费者对产品可获得时间的要求严格时,网络销售渠道顾客流失严重,产品市场需求偏离市场真实需求,这时服装企业应当增加传统分销渠道的订货量,以弥补由于网络预售所流失顾客的数据影响传统分销渠道的订货决策。

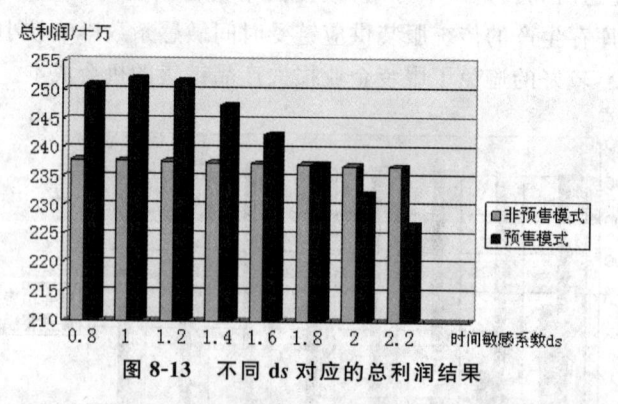

图 8-13 不同 d_s 对应的总利润结果

从图 8-13 可知,随时间敏感系数的增加,预售模式的总利润先高于非预售模式下的总利润,呈现现增长后下降的趋势,在 $d_s=1.8$ 时,预售模式与非预售模式的利润水平相当,超过 1.8 的灵敏度系数后,从总利润水平上来说，预售模式并不优于非预售模式。

综上，当 d_s 超出 1.8 后，网络销售渠道流失的客户严重，网络预售所反馈回的市场需求信息偏离实际需求，预测信息的不准确致使预售模式并不优化。而当顾客时间敏度系数在 1.8 之内，虽然预售模式下产品长时间的不可获得性造成消费者的流失，导致市场需求量的下降，由于生产及配送的延误致使可获得性惩罚费用不断增加，但相比非预售模式，服装企业订货量与市场需求量的匹配度增加，减少了工厂由于大量生产滞销服装产品导致面料浪费、高生产费用、高缺货、高库存成本的问题，同时服装企业所运送的服装产品更贴近实际需要，避免了运力的浪费，降低了运输费用，最终带动服装企业总利润的增加。

8.6 小结

本章针对我国服装业高库存积压的现状，研究双渠道环境下服装企业生产—分销网络优化策略，分析按库存生产模式下网络销售渠道对传统分销渠道产品销售的影响，并进一步考虑由订单切入点不同所导致的生产—分销模式的改变对服装产品销售的影响。研究表明，在同质化严重的服装市场上，服装企业涉足电子商务平台，增加按库存生产的集中式分销的网络销售业态，仅仅起到了为服装市场拓宽销售渠道作用，而按订单生产的预售模式利用网络销售的高反馈效率，在一定的环境下指导传统分销渠道进行精准的需求预测，解决高库存积压等问题，为服装行业今后实际运作提供了相应参考。

附　　录

单向替代模式下供应链网络协同优化汽车需求量推导

$$\lambda = \frac{p_1}{p_2}\gamma \tag{1}$$

消费者购买传统汽车的充要条件为:(1) $\Delta p_1 \geqslant 0$,(2) $\Delta p_1 \geqslant \Delta p_2$。
由充要条件(1)可知

$$p_1 \geqslant p_1' \tag{2}$$

由充要条件(2)可知

$$p_1 - p_1' \geqslant p_2 - p_2' \tag{3}$$

将式(1)代入式(3)可得

$$p_1 \leqslant \frac{p_2' - p_1'}{\frac{\gamma}{\lambda} - 1} \tag{4}$$

若 $p_1' > \dfrac{p_2' - p_1'}{\frac{\gamma}{\lambda} - 1}$,与 $p_1 \geqslant p_1'$ 矛盾,故消费者购买传统汽车数量为 0;

若 $p_1' \leqslant \dfrac{p_2' - p_1'}{\frac{\gamma}{\lambda} - 1}$,则当 $\dfrac{p_2' - p_1'}{\frac{\gamma}{\lambda} - 1} \leqslant kA$ 时,消费者对传统汽车的购买数量为:

$$q_1 = A \int_{p_1'}^{\frac{p_2'-p_1'}{\frac{\gamma}{\lambda}-1}} f(x)\mathrm{d}x = \frac{1}{k}\left[\frac{p_2' - p_1'}{\frac{\gamma}{\lambda} - 1} - p'\right] \tag{5}$$

若 $p_1' \leqslant \dfrac{p_2' - p_1'}{\frac{\gamma}{\lambda} - 1}$,当 $\dfrac{p_2' - p_1'}{\frac{\gamma}{\lambda} - 1} > kA$ 时,消费者对传统汽车的购买数量为:

$$q_1 = A \int_{p'}^{kA} f(x)\mathrm{d}x = A - \frac{p_1'}{k} \tag{6}$$

市场对新能源汽车需求:
消费者购买新能源汽车的充要条件为:(3) $\Delta p_2 \geqslant 0$,(4) $\Delta p_2 \geqslant \Delta p_1$。
由充要条件(3)可知

$$p_1 \geqslant p_2'\frac{\lambda}{\gamma} \tag{7}$$

由充要条件(4)可知
$$p_2 - p_2' \geqslant p_1 - p_1' \qquad (8)$$
将式(1)代入式(8)可得
$$p_1 \geqslant \frac{p_2' - p_1'}{\frac{\gamma}{\lambda} - 1} \qquad (9)$$

当 $p_2'\frac{\lambda}{\gamma} > \frac{p_2' - p_1'}{\frac{\gamma}{\lambda} - 1}$ 时,显然 $\Delta p_2 > \Delta p_1$,此时消费者购买新能源汽车数量,
$$q_2 = A\int_{p_2'\frac{\lambda}{\gamma}}^{kA} f(x)\mathrm{d}x = \frac{1}{k}\left(kA - p_2'\frac{\lambda}{\gamma}\right) = A - \frac{\lambda p_2'}{k\gamma} \qquad (10)$$

若 $p_2'\frac{\lambda}{\gamma} \leqslant \frac{p_2' - p_1'}{\frac{\gamma}{\lambda} - 1}$,当 $\frac{p_2' - p_1'}{\frac{\gamma}{\lambda} - 1} \leqslant kA$ 时,消费者对新能源汽车的购买数量为
$$q_2 = A\int_{\frac{p_2' - p_1'}{\frac{\gamma}{\lambda} - 1}}^{kA} f(x)\mathrm{d}x = \frac{1}{k}\left(kA - \frac{p_2' - p_1'}{\frac{\gamma}{\lambda} - 1}\right) = A - \frac{p_2' - p_1'}{k\left(\frac{\gamma}{\lambda} - 1\right)} \qquad (11)$$

若 $p_2'\frac{\lambda}{\gamma} \leqslant \frac{p_2' - p_1'}{\frac{\gamma}{\lambda} - 1}$,当 $\frac{p_2' - p_1'}{\frac{\gamma}{\lambda} - 1} > kA$ 时,消费者购买新能源汽车数量为0。

由以上分析可知,当且仅当 $\frac{p_1'\gamma}{p_2'} \leqslant \lambda \leqslant \frac{kA\gamma}{p_2' - p_1' + kA}$ 时,消费者对传统汽车和新能源汽车的需求量均为正。

参考文献

[1]M. L. Fisher. What is the right supply chain for your product? [J]. Harvard Business Review, 1997, 75(2):105~117.

[2]H. L. Lee. Aligning Supply Chain Strategies with Products Uncertainties [J]. California Management Review, 2002, 43(3):105~118.

[3]W. Doll, M. Vonderembse. The evolution of manufacturing systems: towards the post-industrial enterprise[J]. Omega,1991,19, 401~411.

[4]S. C. Wheelwright. Manufacturing strategy: defining the missing link[J]. Strategic Management Journal, 1984, 5(1):277~318.

[5]高峻峻.不确定性需求下供应链中分销系统的建模与仿真[D].东北大学博士学位论文,2004.

[6]张雷,叶怀珍,刘明.融合生命周期的高新产品响应时间模型[J].统计与决策,2009,(19):37~39.

[7]马士华,林勇,陈志祥.供应链管理[M].北京:机械工业出版社,2000.

[8]张阿娟.一体化供应链管理[M].北京:立信会计出版社,2006.

[9]孙元欣.供应链管理原理[M].上海:上海财经大学出版社,2003.

[10]J. Shapiro. Modeling the Supply Chain[M]. 北京:中信出版社, 2001.

[11]高峻峻,王迎军,郭亚军,吕芹.供应链管理模型的分类和研究进展[J].中国管理科学, 2005, (13):116~125.

[12]M. A. Amouzegar. Quantitative Models for Supply Chain Management[J]. Interfaces, 1999, (29):144~149.

[13]Hokey Min,Gengui Zhou. Supply chain modeling: past, present and future [J]. Computer & Industrial engineering. 2002, (43): 231~249.

[14]M. Benita. Beamon. Supply chain design and analysis: Models and methods [J]. International journal of production economics, 1998, (55):281~294.

[15]M. A. Cohen, H. L. Lee. Strategic analysis of integrated produc-

tion distribution system: model and methods [J]. Operations Research, 1988, 36(2): 216~228.

[16] J. T. Douglas, M. G. Paul. Coordinated supply chain management [J]. European Journal of Operational Research, 1996, 94(1):1~15.

[17] 翟恩东,汪定伟. 考虑库存分配的多年度二级分销网络优化模型 [J]. 东北大学学报,2001,22(2):175~178.

[18] 赵晓煜,汪定伟. 供应链中二级分销网络的优化设计模型[J]. 管理科学学报,2001,4(4):22~26.

[19] E. Aghezzaf. Capacity planning and warehouse location in supply chains with uncertain demands [J]. Journal of the Operational Research Society, 2005, 56:453~462.

[20] Sunil Chopra. Design the distribution network in a supply chain [J]. Transportation Research Part E. 2003, 39:123~140.

[21] 张以彬. 创新产品供应链的供应柔性和库存风险管理[D]. 上海交通大学博士论文,2008.

[22] Gerard P. Cachon, Martin A. Lariviere. Capacity Choice and Allocation Strategic Behavior and Supply Chain Performance [J], Management Science, 1999, 45(8):1092~1108.

[23] Carlos J Vidal, Marc Goetschalckx. Strategic production-distribution models: critical review with emphasis on global supply chain models [J]. European Journal of Operational Research, 1997, 98:1~18.

[24] G. G. Brown, G. W. Graves, M. D. Honczarenko. Design and operation of a multi-commodity production distribution system using primal goal decamp position [J]. Management Science, 1987, 33 (11): 1469~1479.

[25] Sunil Chopra. Design the distribution network in a supply chain [J]. Transportation Research Part E. 2003, 39:123~140.

[26] 陈荣秋,周水银. 生产运作管理的理论与实践[M]. 北京:中国人民大学出版社,2002.

[27] 刘昱岗. 基于客户关系管理的企业分销系统优化设计及管理[D]. 西南交通大学博士论文,2007.

[28] Gerard P. Cachon, Martin A. Lariviere. Capacity Choice and Allocation Strategic Behavior and Supply Chain Performance [J], Management Science, 1999, 45(8):1092~1108.

[29] Carlos J Vidal, Marc Goetschalckx. Strategic production-distribution models: critical review with emphasis on global supply chain models [J]. European Journal of Operational Research, 1997, 98:1~18.

[30] 陈志祥,汪云峰,马士华. 供应链运营机制研究——生产计划与控制模式[J]. 工业工程与管理,2000(2):22~25.

[31] 黄小原,卢震. 非对称信息条件下供应链的生产策略[J]. 中国管理科学,2002,10(2):35~40.

[32] P. S. Dixon, E. A. Silver. A heuristic solution procedure for the multi-item, single-level, limited capacity, lot-sizing problem [J]. Journal of Operations Management, 1981, 2(1):23~39.

[33] I. Barany, T. J. Van Roy, L. Woolsey. Strong formulations for multi-item capacitated lot sizing [J]. Management Science, 1984, 30(10):1255~1261.

[34] B. M. Maloney, C. M Klein. Constrained multi-item inventory systems: An implicit approach [J]. Operations Research, 1993, 20 (6):639~649.

[35] K. Bretthauer, B. Shetty, S. Syam, S. White. A model for resource constrained production and inventory management [J]. Decision Sciences, 1994, 25(4):561~580.

[36] G. Gallego, M. Queyranne, D. Simchi-Levi. Single resource multi-item inventory systems [J]. Operations Research, 1996, 44 (4):580~595.

[37] J. Maes, L. N. van Wassenhove. A simple heuristic for the multi-item single level capacitated lot sizing problem [J]. Operations Research Letters, 1996, 4 (6): 265~273.

[38] W. W. Trigeiro, L. J. Thomas, J. O. McClain. Capacitated lot sizing with setup times [J]. Management Science, 1989, 35(3):353~366.

[39] H. Tempelmeier, M. Derstroff. A Lagrange an-based heuristic for dynamic multilevel multi-item constrained lot sizing with setup times [J]. Management Science, 1996, 42(5):738~757.

[40] Gupta A, Maranas C D, Mcdonald C M. Mid-term supply chain planning under demand uncertainty:customer demand satisfaction and inventory management[J]. Computers and Chemical Engineering,2000, 24

(12): 2613~2622.

[41] Tang O, Grubbstr M R W. Planning and replanning the master production schedule under demand uncertainty[J]. International Journal of Production Economics, 2002, 78(3): 323~334.

[42] Bookbinder J H, Tan J Y. Strategies for the probabilistic lot sizing problem with service level constrains[J]. Management Science, 1988, 34(5): 1096~1108.

[43] Gupta A, Maranas C D. Managing demand uncertainty in supply chain planning[J]. Computers & Chemical Engineering, 2003, 27(8-9): 1219~1227.

[44] Clay, R. L., Grossmann, I. E. A disaggregation algorithm for the optimization of stochastic planning models[J]. Computers Chem. Engng, 1997, 21(7): 751~774.

[45] Tang, J. F., e1al. A fuzzy approach to modeling production and inventory planning[C]. Proc. of the 14th IFAC, Beijing, 1999: 260~266.

[46] 潘景铭,唐小我.需求不确定条件下柔性供应链生产决策模型及优化[J].控制与决策,2004,19(4): 411~415.

[47] 刘军,李平,宋春跃.具有不确定需求的不可靠生产系统的控制问题[J].浙江大学学报:工学版,2005,39(12): 1959~1964.

[48] 赵晓煜,汪定伟.供应链中二级分销网络优化设计的模糊机会约束规划模型[J].控制理论与应用,2002,19(2):249~252.

[49] 赵晓煜,汪定伟.供应链中分销中心布局问题的区间规划模型及解法[J].系统工程,2004, 22(8): 28~32.

[50] 苏生,战德臣,李海波.不确定需求和能力约束下的多目标多工厂生产计划[J].计算机集成制造系统,2007,13(4): 692~697.

[51] 周金宏,汪定伟.分布式多工厂单件制造企业提前/拖期生产计划研究[J]. 计算机集成制造系统,2000,6(5):52~57.

[52] 周金宏,汪定伟.考虑多运输方式的供应链生产计划多目标模型[J].系统工程学报, 2000,15(4):362~366.

[53] 李海燕,张琳,王莉.供应链环境下需求不确定的批量生产计划[J].控制工程,2007, 14(4): 434~437.

[54] A. M. Geoffrion, G. W. Graves. Multicommodity distribution system design by Benders' decomposition[J]. Management Science,1974,

20(5):822~844.

[55] G. G. Brown, G. W. Graves. Designandoperationofa multi-commodity production/distribution system using primal goal decomposition [J]. Management Science,1987,33:1469~1480.

[56] Ali Amiri. Designing a distribution network in a supply chain system: Formulation and efficient solution procedure [J]. European Journal of operation research, 2006, 171:567~576.

[57] T. J. Van Roy. Multi-level production and distribution planning with transportation decision fleet optimization [J]. Management, 1989, 35 (12):1443~1453.

[58] J. F. Willians. A hybrid algorithm for simultaneous scheduling of production and distribution in multi-echelon structures[J]. Management Science,1989,29 (1):77~92.

[59] T. Muckstadt. A and Rounds. R. O. Logistics of Production and Inventory[M]. (Handbooks in Operations Research and Management 4), North-Holland, Amsterdam, 1993.

[60] Haq. A. N. Vrat. P. , A. Kanda. An integrated production-inventory-distribution model for manufacturer of urea: A case [J]. International Journal of Production Economics, 1991, (39):39~49.

[61] D. F. Pyke, M. A. Cohen. Performance characteristics of stochastic integrated production-distribution systems [J]. European Journal of Operational Research, 1993, (68):23~48.

[62] D. R. Towill, De I. Vecchio. The application of Filter Theory to the study of supply chain dynamics [J]. Production Planning and Control, 1994, 5:82~96.

[63] B. C. Arntzen, C. G. Brown, T. P. Harrison, L. L. Traftion. Global supply chain management at digital equipment corporation [J]. Interface, 1995, 25(1):69~93.

[64] K Ishii, K Takahashi, R Muramatsu. Integrated production, inventory and distribution systems [J]. International Journal of Production Research, 1988, 26(3):473~482.

[65] T. Altiok, R. Ranjan. Multi-stage, pull-type production-inventory systems [J]. IIETransactions, 1995, 27:190~200.

[66] V. T. Voudouris. Mathematical programming techniques to de-

bottleneck the supply chain of fine chemical industries [J]. Computers and Chemical Engineering, 1996, 20:1269~1274.

[67] Jukka Korpela, Anti Lehmusvaara, Markku Tuominen. Customer service based design of the supply chain [J]. International Journal of Production Economics, 2001, 69:193~204.

[68] P. C. Yang, H. M. Wee. A single-vendor and mufti-buyers production-inventory policy for a deteriorating item [J]. European Journal Operational research, 2002, 13:570~581.

[69] H. Pikul, V. Jayaraman. A Multi-Commodity, Multi-Plant, Capacitated Facility Location Problem: Formulation and Efficient Heuristic Solution [J]. Computer Operations Research, 2003, (25): 869~878.

[70] S. D. Mokashi, A. C. Kokssis. Application of dispersion algorithms to supply chain optimization [J]. Computers and Chemical Engineering, 2003, 27: 924~949.

[71] C. Schneeweiss, Kirstin. Hierarchical coordination mechanisms within the supply chain [J]. European Journal of Operational research, 2004, 153:687~763.

[72] H. M. Wee, P. C. Yang. The optimal and heuristic solution of a distribution network [J]. European Journal of Operational research, 2004,158:626~632.

[73] S. K. Goyal. A joint economic lot size model for purchaser and vendor: Acomment [J]. Decision Science, 1988, 19:236~241.

[74] Mitsuo Gen, Admi Syarif. Hybrid genetic algorithm for multi-time period production/distribution planning [J]. Computers and industrial engineering, 2005, 48:799~809.

[75] Daniela Ambrosino, Maria Grazia Scutella. Distribution network design: New problems and related models [J]. European Journal of Operational research, 2005, 165:610~624.

[76] 李应,杨善林. 供应链分布式多层协同生产——分销计划模型与求解[J]. 中国机械工程,2008,19(21):2589~2595.

[77] 高峻峻,王迎军,郭亚军. 需求不确定的分销系统最小成本模型[J]. 东北大学学报,2002,23(1):87~90.

[78] Kopczak L R. Coordinated Order Delivery under Distributed Distribution[R]. Stanford University,1995.

[79] 李鉴,谢金星. 带时间窗口的分布式配送系统在运输时间均匀分布条件下的性能分析[J]. 系统工程理论与实践, 2002(03):80~87.

[80] 孙会君,高自友. 基于分布式工厂的供应链二级分销网络生产计划优化模型[J]. 中国管理科学, 2002, 10(6):40~43.

[81] 孙会君,高自友. 考虑路线安排的物流配送中心选址双层规划模型及求解算法[J]. 中国公路学报, 2003, 16(2):115~119.

[82] 孙会君,高自友. 供应链分销系统双层优化模型[J]. 管理科学学报, 2003, 6(3):66~70.

[83] 孙会君,高自友. 基于双层规划的供应链二级分销网络优化设计模型[J]. 管理工程学报, 2004, 18(1):68~71.

[84] 赵刚. 物流运筹[M]. 成都:四川人民出版社, 2002:217~218.

[85] 唐凯,杨超,杨珺. 随机多阶段分销网络设计模型[J]. 中国管理科学, 2007, 15(6):98~104.

[86] 赵志刚,顾新一,李陶深,刘向. 多仓库多分销点的二级分销网络的优化[J]. 系统仿真学报, 2008, 20(5):1209~1213.

[87] 张长星,党延忠. 分销网络设计的连续近似模型[J]. 系统工程学报, 2003, 18(5):447~451.

[88] Langevin A, Mbaraga P, Campbell J F. Continuous approximation models in freight distribution: an overview [J]. Transportation Research, 1996, 30:163~188.

[89] 张长星,党延忠. 面向动态市场的分销网络重构框架及模型[J]. 系统工程理论方法应用, 2003, 12(4):312~316.

[90] 李延晖,马士华,刘黎明. 基于时间约束的配送系统模型及一种启发式算法[J]. 系统工程, 2003, 21(4):23~28.

[91] 李延晖,马士华. 基于时间约束的单源/p个中转点配送系统的MINLP模型[J]. 中国管理科学, 2004, 12(3):86~90.

[92] 李延晖,马士华,刘黎明. 基于时间约束的多源多品种配送系统模型及一种启发式算法[J]. 系统工程理论方法应用, 2004, 13(5):395~399.

[93] 李延晖,马士华,刘黎明. 基于时间约束的供应链配送系统随机模型[J]. 预测, 2004, 23(4):45~47.

[94] 李延晖,马士华. 基于时间竞争的配送系统多目标决策模型研究[J]. 计算机集成制造系统, 2005, 11(11):1516~1519.

[95] 李延晖,刘向,马士华. 基于时间约束的多源多品种随机配送系统模型[J]. 科技进步与对策, 2006,(06):69~71.

[96]金海和,陈剑,赵纯均.分销配送网络优化模型及其求解算法[J].清华大学学报(自然科学版),2002,42(6):739~742.

[97]黄海新,武利勇,汪定伟,薛世彤.基于遗传算法的二级分销网模型及其求解[J].计算机集成制造系统,2004,10(8),914~917.

[98]喻海飞,汪定伟.食物链算法及其在分销网络优化中的应用[J].东北大学学报(自然科学版),2006,27(2):146~149.

[99]杜文,袁庆达,周再玲.一类随机库存/运输联合优化问题求解过程分析[J].中国公路学报,2004,17(01):114~118.

[100]钟磊钢,李云岗,张翠华.基于价格弹性的双层规划二级分销网络模型[J].计算机集成制造系统,2006,12(10):1596~1599.

[101]张得志,谢如鹤,罗荣武,李双艳.物流配送网络优化模型及其求解算法[J].武汉理工大学学报(交通科学与工程版),2006,30(4):569~572.

[102]何勇,杨德礼,吴清烈.网络营销的供应链决策模型[J].控制与决策,2007,22(10):1097~1102.

[103]滕春贤,姚锋敏,胡宪武.具有随机需求的多商品流供应链网络均衡模型的研究[J].系统工程理论与实践,2007,(10):77~83.

[104]贺竹磬,孙林岩,汪翼.分布式配送网络系统设计研究[J].中国机械工程,2007,18(24):2965~2968.

[105]贺竹磬,孙林岩,汪翼.采用优先权解码的多阶段供应链网络设计方法[J].系统工程,2007,25(1):33~37.

[106]D. Schilling, V. Jayaraman, R. Barkhi. A review of covering problems analysis [J]. Location Science, 1993, (1):25~55.

[107]S. L. Hakimi. Optimum distribution of switching centers in a communication network and some related graph theoretic problems [J], Operations Research, 1965, 13:462~475.

[108]M. Brandeau, S. Chiu. An overview of representative problems in location research [J], Management Science, 1989, 35:645~673.

[109]John Current, Hokey Min, D. A. Schilling. Multi-objective analysis of facility location decisions [J]. European Journal of Operation Research, 1990, 49:295~307.

[110]D. A. Schilling, V. Jayaraman, R. Barkhi. A review of covering problemes in location analysis [J], Location Science, 1993, 1:25~55.

[111]M. T. Melo, S. Nickel, F. Saldanha-da-Gama. Facility location

and supply chain management-A review [J]. European Journal of Operational Research, 2009, 196, 401~412.

[112] 唐凯. 分销网络设计中的库存——选址研究[D]. 华中科技大学博士学位论文, 2009.

[113] F. Barahona, D. Jensen. Plant location with minimum inventory [J]. Mathematical Programming, 1998, 83:101~111.

[114] A. I. Barros, R. Dekker, V. Scholten. A two-level network for recycling sand: A case study [J]. European Journal of Operational Research, 1998, 110: 199~214.

[115] A. Marín, B. Pelegrin. The return plant location problem: Modeling and resolution [J]. European Journal of Operational Research, 1998, 104: 375~392.

[116] H. Pirkul, V. Jayaraman. A multi-commodity, multi-plant, capacitated facility location problem: Formulation and efficient heuristic solution [J]. Computers & Operations Research, 1998, 25: 869~878.

[117] D. Carlsson, M. Rönqvist. Supply chain management in forestry-Case studies at södra cell AB [J]. European Journal of Operational Research, 2005, 63:589~616.

[118] B. Avittathur, J. Shah, O. K. Gupta. Distribution centre location modeling for differential sales tax structure [J]. European Journal of Operational Research1, 2005, 62:191~205.

[119] E. Eskigun, R. Uzsoy, P. V. Preckel, G. Beaujon, S. Krishnan, J. D. Tew. Outbound supply chain network design with mode selection, lead times and capacitated vehicle distribution centers [J]. European Journal of Operational Research, 2005, 165:182~206.

[120] H. Ma, R. Davidrajuh. An iterative approach for distribution chain design in agile virtual environment [J]. Industrial Management and Data Systems, 2005, 105:815~834.

[121] E. Melachrinoudis, A. Messac, H. Min. Consolidating a warehouse network: A physical programming approach [J]. International Journal of Production Economics, 2005, 97: 1~17.

[122] F. Altiparmak, M. Gen, L. Lin, T. Paksoy. A genetic algorithm approach for multi-objective optimization of supply chain networks [J]. Computers & Industrial Engineering, 2006, 51:197~216.

[123] Z. J. M. Shen. A profit-maximizing supply chain network design model with demand choice flexibility [J]. Operations Research Letters 2006, 34: 673~682.

[124] K. Sourirajan, L. Ozsen, R. Uzsoy. A single-product network design model with lead time and safety stock considerations [J]. IIE Transactions, 2007, 39:411~424.

[125] Z. Wang, D. Q. Yao, P. Huang. A new location-inventory policy with reverse logistics applied to B2C e-markets of China [J]. International Journal of Production Economics, 2007, 107:350~363.

[126] E. Melachrinoudis, H. Min. Redesigning a warehouse network [J]. EuropeanJournal of Operational Research, 2007, 176:210~229.

[127] Z. Lu, N. Bostel. A facility location model for logistics systems including reverse flows: The case of remanufacturing activities [J]. Computers & Operations Research, 2007, 34:299~323.

[128] B. B. Keskin, H. ülster. A scatter search-based heuristic to locate capacitated transshipment points [J]. Computers & Operations Research, 2007, 34:3112~3125.

[129] R. Z. Farahani, N. Asgari. Combination of MCDM and covering techniques in a hierarchical model for facility location: A case study [J]. European Journal of Operational Research, 2007, 176: 1839~1858.

[130] H. E. Romeijn, J. Shu, C.-P. Teo. Designing two-echelon supply networks [J]. European Journal of Operational Research, 2007, 178: 449~462.

[131] F. Du, G. W. Evans. A bi-objective reverse logistics network analysis for post sale service [J]. Computers & Operations Research, 2008, 35: 2617~2634.

[132] D. Aksen, K. Altinkemer. A location-routing problem for the conversion to the "click-and-mortar" retailing: The static case [J]. European Journal of Operational Research, 2008, 186:554~575.

[133] D. H. Lee, M. Dong. A heuristic approach to logistics network design for end-of-lease computer products recovery [J]. Transportation Research Part E: Logistics and Transportation Review, 2008, 44: 455~474.

[134] J. D. Camm, T. E. Chorman, F. A. Dill, J. R. Evans, D. J. Sweeney, G. W. Wegryn. Blending OR/MS, judgment, and GIS: Re-

structuring P&G's supply chain [J]. Interfaces, 1997, 27: 128~142.

[135] H. Pirkul, V. Jayaraman. A multi-commodity, multi-plant, capacitated facility location problem: Formulation and efficient heuristic solution [J]. Computers Operations Research, 1998, 25: 869~878.

[136] K. Dogan, M. Goetschalckx. A primal decomposition method for the integrated design of multi-period production-distribution systems [J]. IIE Transactions, 1999, 31:1027~1036.

[137] J. B. Mazzola, A. W. Neebe. Lagrangian-relaxation-based solution procedures for a multi-product capacitated facility location problem with choice of facility type[J]. European Journal of Operational Research, 1999, 115:285~299.

[138] H. Min, E. Melachrinoudis. The relocation of a hybrid manufacturing/distribution facility from supply chain perspectives: A case study [J]. Omega, 1999, 27:75~85.

[139] V. Jayaraman, V. Guide Jr., R. Srivastava. A closed-loop logistics model for remanufacturing [J]. Journal of the Operational Research Society, 1999, 50:497~508.

[140] N. Karabakal, A. Günal, W. Ritchie. Supply-chain analysis at Volkswagen of America [J]. Interfaces, 2000, 30:46~55.

[141] V. Jayaraman, H. Pirkul. Planning and coordination of production and distribution facilities for multiple commodities [J]. European Journal of Operational Research, 2001, 133:394~408.

[142] C. J. Vidal, M. Goetschalckx. A global supply chain model with transfer pricing and transportation cost allocation [J]. European Journal of Operational Research, 2001, 129:134~158.

[143] F. H. E. Wouda, P. van Beek, J. G. A. J. van der Vorst, H. Tacke. An application of mixed-integer linear programming models on the redesign of the supply network of Nutricia Dairy & Drinks Group in Hungary[J]. OR Spectrum, 2002, 24:449~465.

[144] V. Verter, A. Dasci. The plant location and flexible technology acquisition problem [J]. European Journal of Operational Research, 2002, 136:366~382.

[145] S. S. Syam. A model and methodologies for the location problem with logistical components [J]. Computers & Operations Research,

2002, 29: 1173~1193.

[146]Y. J. Jang, S. Y. Jang, B. M. Chang, J. Park. A combined model of network design and production/distribution planning for a supply network [J]. Computers & Industrial Engineering, 2002, 43: 263~281.

[147]V. Jayaraman, A. Ross. A simulated annealing methodology to distribution network design and management [J]. European Journal of Operational Research, 2003, 144:629~645.

[148]H. Yan, Z. Yu, T. C. E. Cheng. A strategic model for supply chain design with logical constraints: Formulation and solution [J]. Computers & Operations Research, 2003, 30:2135~2155.

[149]A. K. Chakravarty. Global plant capacity and product allocation with pricing decisions [J]. European Journal of Operational Research, 2005, 165:157~181.

[150]C. Laval, M. Feyhl, S. Kakouros. Hewlett-Packard combined OR and expert knowledge to design its supply chains [J]. Interfaces, 2005, 35: 238~247.

[151]W. Wilhelm, D. Liang, B. Rao, D. Warrier, X. Zhu, S. Bulusu. Design of international assembly systems and their supply chains under NAFTA [J]. Transportation Research Part E: Logistics and Transpor-tation Review, 2005, 41:467~493.

[152]M. I. Salema, A. P. B. Póvoa, A. Q. Novais. A warehouse-based design model for reverse logistics[J]. Journal of the Operational Research Society, 2006,57:615~629.

[153]A. Amiri. Designing a distribution network in a supply chain system: Formulation and efficient solution procedure[J]. European Journal of Operational Research, 2006,171:567~576.

[154]J. R. Lin, L. K. Nozick, M. A. Turnquist. Strategic design of distribution systems with economies of scale in transportation [J]. Annals of Operations Research, 2006, 144:161~180.

[155]J. F. Cordeau, F. Pasin, M. M. Solomon. An integrated model for logistics network design [J]. Annals of Operations Research, 2006, 144: 59~82.

[156]B. B. Keskin, H. ülster. Meta-heuristic approaches with memory and evolution for a multi-product production/distribution system de-

sign problem[J]. European Journal of Operational Research, 2007, 182: 663~682.

[157]R. K. Pati, P. Vrat, P. Kumar. A goal programming model for paper recycling system[J]. Omega, 2008, 36:405~417.

[158]C. Canel, B. M. Khumawala. Multi-period international facilities location: An algorithm and application [J]. International Journal of Production Economics, 1997, 35:1891~1910.

[159] E. Melachrinoudis, H. Min. The dynamic relocation and phase-out of a hybrid, two-echelon plant/warehousing facility: A multiple objective approach [J]. European Journal of Operational Research, 2000, 123:1~15.

[160]C. Canel, B. M. Khumawala. International facilities location: A heuristic procedure for the dynamic uncapacitated problem [J]. International Journal of Production Research, 2001, 39:3975~4000.

[161]J. J. Troncoso, R. A. Garrido. Forestry production and logistics planning: An analysis using mixed-integer programming [J]. Forest Policy and Economics, 2005, 7:625~633.

[162]D. Ambrosino, M. G. Scutellà. Distribution network design: New problems andrelated models [J]. European Journal of Operational Research, 2005, 165:610~624.

[163]H. Min, C. S. Ko, H. J. Ko. The spatial and temporal consolidation of returned products in a closed-loop supply chain network[J]. Computers & Industrial Engineering, 2006, 51:309~320.

[164]J. Dias, M. E. Captivo, J. Clímaco. Efficient primal-dual heuristic for a dynamic location problem [J]. Computers & Operations Research, 2007, 34:1800~1823.

[165]Y. Hinojosa, J. Puerto, F. R. Fernández. A multiperiod two-echelon multi-commodity capacitated plant location problem [J]. European Journal of Operational Research, 2000, 123:271~291.

[166]C. Canel, B. M. Khumawala, J. Law, A. Loh. An algorithm for the capacitated, multi-commodity multi-period facility location problem [J]. Computers & Operations Research, 2001, 28:411~427.

[167] A. Hugo, E. N. Pistikopoulos. Environmentally conscious long range planning and design of supply chain networks [J]. Journal of

Cleaner Production, 2005, 13:1471~1491.

[168] B. Fleischmann, S. Ferber, P. Henrich. Strategic planning of BMW's global production network [J]. Interfaces, 2006, 36: 194~208.

[169] N. L. Ulstein, M. Christiansen, R. Gronhaug, N. Magnussen, M. M. Solomon. Elkem uses optimization in redesigning its supply chain [J]. Interfaces, 2006, 36:314~325.

[170] D. Vila, A. Martel, R. Beauregard. Designing logistics networks in divergent process industries: A methodology and its application to the lumber industry [J]. International Journal of Production Economics, 2006, 102:358~378.

[171] M. T. Melo, S. Nickel, F. Saldanha-da-Gama. Dynamic multicommodity capacitated facility location: A mathematical modeling framework for strategic supply chain planning[J]. Computers & Operations Research, 2006,33:181~208.

[172] H. J. Ko, G. W. Evans. A genetic algorithm-based heuristic for the dynamic integrated forward/reverse logistics network for 3PLs[J]. Computers & Operations Research, 2007, 34: 346~366.

[173] Y. Hinojosa, J. Kalcsics, S. Nickel, J. Puerto, S. Velten. Dynamic supply chain design with inventory [J]. Computers & Operations Research, 2008, 35:373~391.

[174] S. K. Srivastava. Network design for reverse logistics [J]. Omega, 2008, 36:535~548.

[175] Y. Chan, W. B. Carter, M. D. Burnes. A multiple-depot, multiple-vehicle, location-routing problem with stochastically processed demands [J]. Computers & Operations Research, 2001, 28: 803~826.

[176] M. S. Daskin, C. Coullard, Z.-J. M. Shen. An inventory-location model: Formulation, solution algorithm and computational results [J]. Annals of Operations Research, 2002, 110:83~106.

[177] H. S. Hwang. Design of supply-chain logistics system considering service level [J]. Computers & Industrial Engineering, 2002, 43: 283~297.

[178] T. J. Lowe, R. E. Wendell, G. Hu. Screening location strategies to reduce exchange rate risk [J]. European Journal of Operational Research, 2002, 136: 573~590.

[179] Z. J. M. Shen, C. Coullard, M. S. Daskin. A joint location-in-

ventory model [J]. Transportation Science, 2003, 37: 40~55.

[180]P. A. Miranda, R. A. Garrido. Incorporating inventory control decisions into a strategic distribution network design model with stochastic demand [J]. Transportation Research Part E: Logistics and Transportation Review, 2004, 40:183~207.

[181]J. Shu, C. P. Teo, Z. J. M. Shen. Stochastic transportation-inventory network design problem [J]. Operations Research, 2005, 53: 48~60.

[182]J. C. W. van Ommeren, A. F. Bumb, A. V. Sleptchenko. Locating repair shops in a stochastic environment [J]. Computers & Operations Research, 2006, 33:1575~1594.

[183]M. Goh, J. I. S. Lim, F. Meng. A stochastic model for risk management in global supply chain networks [J]. European Journal of Operational Research, 2007, 182:164~173.

[184] K. Lieckens, N. Vandaele. Reverse logistics network design withstocha-stic lead times [J]. Computers & Operations Research, 2007, 34: 395~416.

[185]O. Listes. A generic stochastic model for supply-and-return network design [J]. Computers & Operations Research, 2007, 34:417~442.

[186]Z. J. Shen, L. Qi. Incorporating inventory and routing costs in strategic location models [J]. European Journal of Operational Research, 2007, 179: 372~389.

[187]L. V. Snyder, M. S. Daskin, C. P. Teo. The stochastic location model with risk pooling [J]. European Journal of Operational Research, 2007, 179:1221~1238.

[188]P. A. Miranda, R. A. Garrido. Valid inequalities for Lagrangian relaxation in an inventory location problem with stochastic capacity [J]. Transporta-tion Research Part E: Logistics and Transportation Review, 2008, 44: 47~65.

[189] E. H. Sabri, B. M. Beamon. A multi-objective approach to simultaneous strategic and operational planning in supply chain design [J]. Omega, 2000, 28:581~598.

[190]G. Guillén, F. D. Mele, M. J. Bagajewicz, A. Espuña, L. Puigjaner. Multi-objective supply chain design under uncertainty [J].

Chemical Engineering Science,2005,60:1535~1553.

[191]T. Santoso, S. Ahmed, M. Goetschalckx, A. Shapiro. A stochastic programming approach for supply chain network design under uncertainty[J]. European Journal of Operational Research, 2005, 167:96~115.

[192]O. Listes, R. Dekker. A stochastic approach to a case study for product recovery network design [J]. European Journal of Operational Research, 2005, 160:268~287.

[193]M. I. Salema, A. P. Barbosa-Póvoa, A. Q. Novais. An optimization model for the design of a capacitated multi-product reverse logistics network with uncertainty [J]. European Journal of Operational Research, 2007, 179: 1063~1077.

[194]ZHANG L, KONG Y Y. Optimization of Mixed Collaborative Distribution with Different Production Modes[J]. Journal of Transportation Systems Engineering and Information Technology,2012,12(1):17~23.

[195]Prasad Sameer, Tata Jasmine, Madan Manu. Build to order supply chains in developed and developing countries[J]. Journal of Operations Management, 2005, 23(7):551~568.

[196]方志梅,李院生,叶飞帆.基于两类典型生产模式的供应链性能分析[J].科研管理,2007,28(1):161~167.

[197]Kumar Sameer,Nottestad Daniel A, MacKlin John F. A profit and loss analysis for make-to-order versus make-to-stock policy:A supply chain case study[J]. Engineering Economist, 2007, 52(2):141~156.

[198]蔡建湖,韩毅,王丽萍.供应商管理库存环境下一个装配系统的两次生产模式[J].计算机集成制造系统,2010,16(7):1015~1021.

[199]Kerkkanen Annastiina. Determining semi-finished products to be stocked when changing the MTS-MTO policy:Case of a steel mill[J]. International Journal of Production Economics,2007,108(2):111~118.

[200]Chan H K, Chan Felix T S, Samaranayake P. Adaptive make-to-order strategy in distributed manufacturing supply chains [C]. 3rd IEEE International Conference on Industrial Informatics, INDIN, v 2005, Proceedings-Thirteenth International Symposium on Temporal Representation and Reasoning, TIME 2006, 2005 : 767~772.

[201]邵志芳,张涛,林燕杰.液晶面板生产策略选择优化[J].计算机集成制造系统,2011,17(5):1064~1070.

[202] Shushang Zhu, Masao Fukushima. Worst-Case Conditional Value-at-Risk with Application to Robust Portfolio Management[J]. Operations Research,2009,57（5）：1155～1168.

[203]孙玉玲,周晶.易逝性高科技产品更新期的生产规模决策模型[J].系统工程学报,2007,22(3)：262～267.

[204]官振中,卜祥智.可变价格向下替代易逝性产品最优订货策略[J].系统工程理论与实践,2007,27(6):93～99.

[205]Pasternack B, Drezner Z. Optimal inventory policies for substitutable commodities with stochastic demands [J]. Naval Research Logistics, 1991, 38：221～290.

[206]Bassok Y, Anupindi R, Akeha R. Single-periodmultiproduct inventory modelswith substitution [J]. Operations Research, 1999, 47：632～642.

[207]高峻峻,俞莱若.替代性需求下一类产品的品种选择与库存控制的联合决策[J].系统工程理论与实践,2009,29(3)：73～83.

[208]关志民,吕芹,马钦海.多种产品替代需求条件下分销系统的库存策略[J].东北大学学报(自然科学版),2005,26(5)：504～507.

[209]罗利,俞言兵,刘德文.基于需求转移的易逝性产品最优动态定价策略[J].管理工程学报,2006,20(2)：38～44.

[210]Kennedy J, Eberhart R. Particle swarm optimization[C]//Proceeding of IEEE International Conference on Neural Networks, Piscataway, NJ：IEEE Service Center, 1995, 4：1942～1948.

[211]Shi Y, Eberhart R. A modified particle swarm optimizer[C]//Proceeding of IEEE International Conference on Evolutionary Computation, Anchorage, AK：1998,5：69～73.

[212]M. John, S. David. Managing and reducing total cycle time：Models and analysis [J]. International Journal of Production Economics, 1996, 46-47(1-3)：89～108.

[213]M. J. Rachel, D. R. Towill. Total cycle time compression and the agile supply chain [J]. International Journal of Production Economics, 1999, 62(1-2)：61～73.

[214]J. C. H. Pan, Y. C. Hsiao. Integrated inventory models with controllable lead time and backorder discount considerations [J]. International Journal of Production Economics, 2005(93-94)：387～397.

[215] W. C. Lee. Inventory model involving controllable backorder rate and variable lead time demand with the mixtures of distribution [J]. Applied Mathematics and Computation, 2005(160): 701~717.

[216] 花雪兰, 徐学军. 基于产品生命周期的供应链选择研究[J]. 工业工程, 2007, 10(2): 26~30.

[217] 付秋芳, 马士华. 基于 TCODP 的供应链响应时间模型[J]. 工业工程, 2008, 11(3): 73~79.

[218] J. A. Norton, F. M. Bass. A diffusion theorymodel of adoption and substitution for successive generations of high-technology products [J]. ManagementScience, 1987, 33(9): 1069~1086.

[219] Torabi S. A, Hassini E. An Interactive Possibilistic Programming Approach for Multiple Objective Supply Chain Master Planning[J]. Fuzzy Sets and Systems, 2008, 159(2): 193~214.

[220] D. R. Rink, J. E. Swan. Product life cycle research: a literature-review [J]. Journal of Business Research, 1979, 7(3): 219~242.

[221] R. Ganeshan. Managing supply chain inventories: a multiple retailer, one warehouse, multiple supplier model [J]. International Journa Production Economics, 1999, 59: 341~354.

[222] Shu J, Teo C P, Shen Z M. Stochastic Transportation-Inventory Network Design Problem [J]. Operations Research, 2005, 53(1): 48~60.

[223] Chopra S. Designing the Distribution Network in a Supply Chain[J]. Transportation Research, Part E, 2003, 39(2): 123~140.

[224] 余小川, 季建华. 基于产品生命周期的物流系统动态规划研究[J]. 科技进步与对策, 2006, (5): 102~104.

[225] Aitken J, Childerhouse P, Towill D. The Impact of Product Life Cycle on Supply Chain Strategy[J]. International Journal of Production Economics, 2002, 85(2): 127~140.

[226] 杨水利, 周孙福, 李韬奋. 客户订单多分离点对加工装配型产品的生产成本影响研究-装配延迟视角[J]. 运筹与管理, 2010, 19(3): 144~150.

[227] 马士华, 王福寿. 时间价格敏感型需求下的供应链决策模式研究[J]. 中国管理科学, 2006, 14(6): 13~19.

[228] Hill T. Operations Management [M]. London: Mac Milan Press, 2000: 143~150.

[229]徐贤浩. 短生命周期产品库存管理及运营策略[M]. 北京:中国物资出版社,2007,156.

[230]夏永林,吴婷艳. 计算机产品顾客满意度评价研究[J]. 消费经济,2011,27(5):59~61.

[231]张雷. 更新换代期易逝性高新技术产品分销网络优化[J]. 科技进步与对策,2012,29(6):82~85.

[232]Chen C L, Wang B W, Lee W C. Multi-objective optimization for a multi-enterprise supply chain network [J]. Industrial and Engineering Chemistry Research,2003,42:879~1889.

[233]刘昱岗,郝光,罗霞. 基于模糊多目标格序决策的分销网络优化模型[J]. 系统工程,2006,24(7):16~20.

[234]伊辉勇,刘伟. 基于顾客满意度的在线定制产品族规模优化[J]. 工业工程与管理,2011,16(6):55~60.

[235]Barbaro A F, Bagajewicz M J. Managing financial risk in planning under uncertainty [J]. A. I. Ch. E. Journal,2004,50(5):963~989.

[236]彭红军,周梅华,刘满芝. 大型煤炭供应链集成决策模型及应用[J]. 计算机集成制造系统,2009,15(9):1738~1742.

[237]郭仁拥,金海和. 基于客户满意的层级供应链优化模型及算法[J]. 系统工程与电子技术,2007,29(7):1094~1097.

[238]张雷,唐连生. 基于融合阶段响应时间的高科技产品网络优化[J]. 公路交通科技,2010,27(5):137~141.

[239]Parasuraman A, Zeithaml V A, Berry L L. SERVQUAL:a multiple-item scale for measuring customer perceptions of service quality [J]. Journal of Retailing,1988,64(1):12~40.

[240]汪文忠,赵振宇,刘伊生. 高技术产品生命周期模型分析[J]. 数量经济技术经济研究,2003,(2):57~60.

[241]鲁若愚,王永朵. 易逝性高科技产品更新过程的模型及其管理[J]. 科学学研究,2004,(6):642~645.

[242]柳键. 高科技产品链的供需关系及其协调决策研究[J]. 科技进步与对策,2005,(8):17~19.

[243]官振中,卜祥智,赵辉. 多代易逝性高科技产品收益管理研究[J]. 科技进步与对策,2005,(9):84~86.

[244]罗利,俞言兵,刘德文. 基于需求转移的易逝性产品最优动态定价策略[J]. 管理工程学报,2006,(2):38~44.

[245]杨慧,周晶.易逝性高科技产品更新换代期的定价策略[J].科技与经济,2005,18(5):23~26.

[246]官振中,陈旭,卜祥智,史本山.易逝性高科技产品收益管理资源分配及定价策略[J].系统工程,2006,(1):23~31.

[247]Lin KY,Li F. Optimal dynamic pricing for a line of substitutable products[R]. Working Paper, Grado Department of Industrial and Systems Engineering, Virginia Tech, 2004.

[248]刘强,徐玖平.易逝性电子产品随机模糊库存决策模型及其应用[J].系统工程与电子技术,2010,32(1):82~85.

[249]O'Kelly M E. The location of interacting hub facilities[J]. Transportation Science,1986,20(2):92~106.

[250]Claudio B Cunha, Marcos Roberto Silva. A genetic algorithm for the problem of configuring a hub-and-spoke network for a LTL trucking company in Brazil[J]. European Journal of Operational Research,2007,179(3):747~758.

[251]李红启,刘鲁.Hub-and-Spoke型运输网络改善方法及其应用[J].运筹与管理,2007,16(6):63~68.